KB213714

Word soul food

in

Fermented foods

세계 소울 푸드가 한 자리에

발효식품의 세계

(주)지구문화

JIGU CULTURE Co.Ltd

머리말

우리 조상들의 지혜가 담겨있는 발효식품은, 먹는 이의 조상의 넋 까지도 전해주는 소울 푸드(soul food)로 사람들 자신만이 간직하고 있는 아늑한 고향의 맛을 말합니다.

우리의 식탁에서 빼 놓을 수 없는 김치, 장, 젓갈, 식초, 술 등의 발효식품은, 과거에는 가정에서 절기마다 직접 만들어 먹었습니다만 지금은 사회 환경이 변화하면서 대량 생산 또는 산업적 생산을 통해 새로운 부가가치를 갖게 되었습니다.

삼국 사기에 폐백 품목으로 간장, 된장을 사용한 기록이 있으며, 고려사에는 장류가 굶주린 백성을 위한 구휼식품으로 이용되었고, 증보 산림경제에도 장 담그기, 메주 담는 법 등이 자세히 수록되어 있습니다.

또한 우리들이 '밥도둑'으로 불러온 젓갈은 어패류의 근육이나 내장 따위에 식염을 가하여 알맞게 숙성시킨 우리 전통의 발효식품입니다.

뿐만 아니라 예로부터 젓갈은 기호식품으로 조미료 및 김치의 재료로서 널리 이용되어 왔습니다.

이와 같이 우리 음식이 갖고 있는 맛의 비밀은 바로 발효식품 속에 있습니다.

요즘 입맛이 서구화되고 특히 100세 시대가 도래하면서 건강에 대한 관심이 높아지고 있는 지금 발효식품은 미래가치를 더욱 인정받으며 발전 가능성이 무한하다 하겠습니다.

필자들은 한국음식 맛의 기본인 발효식품이 모든 사람들의 건강을 책임질 수 있는 기초 식품으로, 급변하는 현대의 많은 분들에게 발효식품의 정보를 쉽게 접하고 쉽게 만들어 건강을 책임지는 일 뿐 아니라 선조들의 음식문화 유산을 후손에게 대물림할 수 있는 큰 디딤돌 역할을 할 수 있기를 기대합니다.

기해년 만추에

양향자·지영스님·김명선·김은정·박선현·박성희·배명순

차례

Chapter 4 청국장

Chapter 5 간장

차례

Chapter 6 식초

Chapter 7 발효청(효소)

Contents

차례

Chapter 1

발효식품학 개론

1. 발효식품이란?

음식 분야에서 발효 현상을 이용하여 만든 식품을 통틀어 이르는 말로, 국내에서 흔히 접할 수 있는 대표적인 발효식품은 김치, 요구르트, 막걸리 등이 있다. 발효 과정을 거치면서 발생하는 부산물에 의해서 특유의 자극적인 향이나 맛이 발생할 수 있는데, 이러한 과정에서 해당 식품에 대한 호불호가 강한 음식이라고 할 수 있다.

발효식품을 만드는 데 적용되는 미생물의 종류나 식재료에 따라 그 종류가 다양하며, 농산물·수산물·축산물·임산물 등이 가지고 있는 성분들이 미생물에 의해 분해되어 영양가가 향상되고 기호성·저장성이 우수해지는 것으로 알려져 있다.

2. 발효식품의 역사

발효식품의 역사는 신석기 시대부터 시작되는데, 이 때부터 술을 만들기 위해 발효를 이용한 기록이 남아 있다. 이에 대한 기록은 고대 이집트 벽화의 빵, 맥주의 제조 그림, 히브리 시대의 구·신약성서의 포도주, 식초, 빵에 대한 기록, 위나라의 역사책 《위서(魏書)》의 '물길국(勿吉國: 숙신·읍루)에서는 곡물을 씹어서 술을 빚는데 이것을 마시면 능히 취한다'의 기록 등이 있다.

우리나라의 경우에는 삼국시대에 처음으로 메주를 뜻하는 용어가 등장하였으며, 콩을 이용한 발효식품은 기원 전부터 만들어 왔을 것으로 추정하고 있다.

발효 식품은 유대교와 기독교에서는 종교적으로 중요한 위치에 있으며, 발트 신화에 등장하는 "Rugutis"는 발효의 신으로 숭배받기도 했다.

발효 식품은 그 종류에 따라 크게 6가지로 구분되는데, 포도주와 맥주 등과 같은 알코올류, 된장과 간장 등과 같은 대두발효류, 소금에 다양한 채소를 절여 만든 김치류와 같은 침채류, 젓갈 종류의 수산발효류, 버터 및 요구르트와 같은 유제품류, 효모를 이용한 제빵류가 있다.

이러한 각각의 발효식품에 작용하는 미생물과 효모는 모두 상이하며 단일 미생물 또는 몇 가지 미생물들이 공동으로 작용하는 경우도 있다. 이러한 발효식품은 질병을 치료하는 민간요법에도 사용되었으며, 고대 유럽에서는 곰팡이가 해독작용을 할 것으로 생각하여 상처 치료에도 이용하였다.

발효 식품은 최근에 있어서도 각광받고 있다. 건강에 대한 관심이 높아지고 있는 가운데, 발효 식품은 대표적인 건강 음식으로 새로운 평가를 받으면서 재조명되고 있다.

그 이유로는 몇 가지를 들 수 있는데 대표적으로는 발효를 통해 식재료에 있는 영양 성분들이 변화되며 체내에 유익한 물질을 만드는 데에 있다. 예를 들면, 청국장에 있는 실 모양의 끈적끈적한 물질은 고초균(*Bacillus subtilis*)에 의해 발생하는 것이며, 여기에는 신체에 유익한 성분들이 함유되어 있다. 또한, 미생물에 의해서 발효 과정을 거쳤기 때문에 다른 음식들에 비해 소화가 잘 되며 발효식품 내부에 존재하는 유익균에 의해서 체내 장 운동이 활성화되면서 면역력이 증가한다. 대표적으로는 장내 균총(Microflora)를 개선시키는 유산균이 있다.

3. 발효 과정

발효는 원료물질의 종류에 따라 작용하는 균이 서로 다르기 때문에 다양한 종류로 발생할 수 있다. 여기에는 대표적인 발효 과정과 몇 가지 기타 발효에 대해 소개하고자 한다.

(1) 젖산 발효

젖산 발효(Lactic acid fermentation)는 포도당을 비롯한 6탄당(설탕, 젖당 등)이 균에 의해 산소를 사용하지 않고 젖산으로 분해되는 과정을 말한다. 젖산 발효에는 동형 젖산발효(Homolactic fermentation)와 이형 젖산발효(Heterolactic fermentation)의 두 가지 경로가 존재하며, 동형 젖산발효 경로에 의해서는 1분자의 포도당에서 2분자의 젖산이, 이형 젖산발효 경로에 의해서는 젖산과 이산화탄소, 에탄올이 생성된다.

$$C_6H_{12}O_6 \xrightarrow{2ADP + 2P_i \rightarrow 2ATP + 2H_2O} 2C_3H_6O_3$$

[동형 젖산발효과정]

젖산 발효에 중요한 균은 특히 락토바실러스(*Lactobacilius*) 속(genus)이지만 이형 젖산발효 균중에는 류코노스톡(*Leuconostoc mesenteroides, Leuconostoc lactis*) 속이 있다.

젖산 발효에 의해 생성되는 대표적인 식품은 피클, 김치, 사우어크라우트, 사우어 비어, 요구르트 등이 있다.

(2) 에탄올 발효(알코올 발효)

에탄올 발효(Ethanol fermentation)는 포도당을 비롯한 6탄당(설탕, 과당)을 산소를 사용하지 않고 일어나는 발효 과정이다. 알코올 음료의 생산, 제빵 과정 등에서 일어난다.

$$C_6H_{12}O_6 \longrightarrow 2C_2H_5OH + 2CO_2$$

[에탄올 발효 과정]

에탄올 발효에 중요한 균은 제빵 과정에서의 빵 효모(*Saccharomyces cerevisiae*) 및 누룩곰팡이(*Aspergillus oryzae*)가 있다. 에탄올 발효 과정을 통해 제빵 과정에서 효모는 반죽에서 설탕을 소모하며 에탄올과 이산화탄소를 생성하고, 이산화탄소는 반죽에 기포를 형성하여 반죽을 팽창시킨다. 아울러, 주류에 있어서는 원재료가 가지고 있는 천연 당분을 이용하거나 녹말을 당류로 전환하여 이용한다.

에탄올 발효에 의해 생성되는 대표적인 식품은 술(포도주, 맥주, 위스키, 보드카, 막걸리 등)과 빵이 있다.

(3) 초산 발효

초산 발효는 공기 중의 산소를 이용하는 초산균의 작용으로 에틸알코올(CH_3CH_2OH)을 호기적으로 산화시켜 아세트알데히드(CH_3CHO)를 거쳐 아세트산(초산, CH_3COOH)을 만드는 과정이다.

$$CH_3CH_2OH \xrightarrow{Alcohol\ dehydrogenase} CH_3CHO \xrightarrow{Aldehyde\ dehydrogenase} CH_3COOH$$

[초산 발효 과정]

초산 발효에 중요한 균은 아세토박터(*Acetobacter sp.*) 의 초산균이며, 과실류나 당밀 등을 이용하는 경우에는 알코올 발효 이후 초산 발효를, 주류 등의 알코올 원료를 이용한 경우에는 초산 발효만을 진행한다.

초산 발효에 의해 생성되는 대표적인 식품은 식초가 있다.

(4) 프로피온산 발효

프로피온산(Propionic acid)은 천연유래 보존료로 사용되는 대표적인 물질로서, 당류나 젖산염을 이용하여 프로피온산을 만드는 발효 과정을 프로피온산 발효라고 한다. 특히 치즈의 숙성에 관계한다.

프로피온산 발효의 대표적인 균은 *Propionibacterium freudenreichii*로, 에멘탈 치즈 등에 있는 작은 구멍이 프로피온산균의 발효 과정에서 방출되는 이산화탄소에 의해 생성되며, 치즈에 독특한 향기를 부여한다.

Chapter 2

고추장

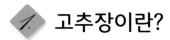

1. 고추장이란?

고추장은 한국 요리에서 사용되는 장류 소스 중의 하나로서, 탄수화물의 가수분해로 생긴 단맛과 콩단백 아미노산의 감칠맛, 고추의 매운맛, 소금의 짠맛이 잘 조화를 이룬 복합 조미료이자 기호 식품이다.

엿기름을 짠 물에 찹쌀가루를 넣어 삭힌 다음 푹 졸여 장밥을 만들고, 여기에 고춧가루와 메주가루 등을 첨가해서 밀봉한 후 응달에서 자연 발효시키면 고추장이 완성된다. 고춧가루를 섞는 과정에서 들어가는 재료에 따라 그 맛이 달라지며, 국내에서는 전라북도 순창군의 고추장이 유명하다. 경북 일부 지역에서는 된장을 섞어 만드는데, 이런 고추장은 얼큰한 맛과 구수한 맛을 함께 내므로 매운탕 혹은 찌개용으로 사용한다.

약 10g에 20~30kcal 정도의 열량을 가지고 있으며, 고추장에 꿀(혹은 물엿), 사이다, 매실청, 된장, 참기름, 마늘을 섞어 쌈장을 만들 수 있다.

2. 고추장의 역사

고추장의 기원과 역사에 대해서는 정확하지 않으나 현대와 유사한 형태의 고추장은 16세기 이후 등장한 것으로 해석하고 있다. 고추장이 기재된 최초의 공식적인 문헌은 1720년경에 작성된 이시필의 《소문사설》에 기재된 순창식 고추장이나, 한국식품연구원은 1433년에 발간된 《향약집성집》에서 산초를 원료로 하는 초장을 고추장의 원류라고 주장한다. 우리나라에서 본격적으로 고추장을 담그기 시작한 것은 1700년대 후반으로, 1800년대 초의 《규합총서》에 순창 고추장과 천안 고추장이 소개되어 있다. 《월여농가(1861)》에서는 고추장을 '번초장'이라 하였으며 《증보산림경제(1765)》에는 "콩으로 담근 말장(末醬)가루 한 말에 고춧가루 세 홉, 찹쌀가루 한 되의 세 가지 맛을 취하여 좋은 청장으로 침장한 뒤 햇볕에 숙성시킨다"고 기재되어 있다.

3. 고추장의 효능

고추장은 단백질, 지방, 비타민 B2, 비타민 C, 카로틴 등과 같은 영양섬유를 함유하고 있으며 단백질 급원식품이다. 고추장 메주로부터 유래된 전분 분해효소(Amylase)

및 단백질 분해효소(Protease) 등의 작용으로 소화를 촉진시키며, 고추장의 연분이 비타민 C의 자동 산화를 억제하고 증가를 돕는다. 또한, 고추 및 고추씨의 함유 성분인 캡사이신(Capsaicin)은 *Bacillus subtilis* 균에 항균 작용이 있으며, 체지방을 감소시키는 효과가 있다. β-carotene, 비타민 C가 다량 함유되어 항돌연변이 및 항암작용을 가지고 있다. 고춧가루의 회분은 곰팡이 독소인 Aflatoxin B에 의한 항암작용을 억제하며, 피부를 자극하여 혈액순환을 돕는 역할도 수행한다.

 ## 4. 고추장 제조 Recipe

재료 : 물 1L, 소금, 180g, 쌀 370g, 고춧가루 250g, 누룩 370g, 메줏가루 80g

① 쌀과 누룩을 곱게 갈아 가루로 만든 후 잘 섞어준다.
② 물을 끓여 식힌 후 혼합한 쌀과 누룩에 부어 잘 섞는다.
③ ②에 고춧가루, 메줏가루, 소금을 넣어 장을 만든다.
④ 소독한 용기에 장을 담은 후 20℃에서 두 달 정도 발효시킨다.

 ## 5. 고추장을 이용한 응용 Recipe

01 밀고추장

주재료 및 부재료

재료 밀가루 1.5kg, 고춧가루 750g, 메줏가루 500g, 엿기름가루 250g, 소금 500g, 물 3L

조리방법

1. 60℃에서 중불로 밀가루 풀을 쑤어 식힌다.
2. 엿기름물을 만들어 체로 거른다.
3. 볼에 밀가루 풀과 엿기름물을 넣고 잘 섞은 후 뚜껑을 덮어 30분 정도 숙성시킨다.
4. 메줏가루와 고춧가루를 넣고 3.과 함께 잘 섞은 후 소금으로 간한다.

02 찹쌀고추장

주재료 및 부재료

재료 찹쌀가루 250g, 고춧가루 600g, 메줏가루 300g, 엿기름가루 400g, 물 3L, 소금 250g

조리방법

1. 60℃로 물을 끓여 식힌 후 엿기름가루를 풀어 체에 거르고, 건더기는 꼭 짜서 엿기름물을 만든다.
2. 엿기름물에 찹쌀가루를 넣고 45℃에서 저어가며 잘 풀어준다.
3. 2.를 불을 끄고 30분 정도 방치한다.
4. 3.을 다시 약불에 올려 양이 1/3이 될 때까지 조린다.
5. 볼에 메줏가루, 고춧가루를 넣고 4.를 넣어 고루 섞는다.
6. 소금으로 간한다.

멥쌀고추장

주재료 및 부재료

재료 메줏가루 1kg, 소금 500g, 고춧가루 750g, 쌀가루 1.5kg, 물 2L

조리방법

1. 냄비에 소금물과 쌀가루를 넣고 되직하게 죽을 쑨다.
2. 1.에 메줏가루를 넣고 잘 섞어 하루 정도 숙성시킨다.
3. 2.에 고춧가루를 넣고 잘 섞은 후 용기에 넣어 발효시킨다.

04 보리고추장

재료 보리쌀 1.5kg, 고춧가루 120g, 간장 1kg, 물 500mL, 설탕 250g, 소주 100mL, 코지 1봉
지

조리방법

1. 보리쌀을 물에 잘 불린 후 시루에 넣고 찐 후 식힌다.
2. 1.에 코지균을 넣고 잘 혼합한다.
3. 코지균은 행주를 덮어 20℃에 반나절 정도 발효시킨다.
4. 3.을 잘 빻아 가루로 만든 후 간장, 설탕물, 소주 순서대로 고루 섞은 후 40분 정도 끓인다.
5. 4.를 식혀 고춧가루와 소금으로 간한다.

05 떡메주고추장

주재료 및 부재료

재료 찹쌀 1kg, 떡 메줏가루 400g, 고춧가루 500g, 물 400ml, 소금 400g, 간장 400g

조리방법

1. 찹쌀을 물에 불린 후 시루에 쪄서 절구에 넣어 치댄다.
2. 1.에 끓여 식힌 메줏가루를 넣어 잘 혼합한다.
3. 2.에 고춧가루를 넣고 나무주걱으로 3일간 저어가며 소금과 간장으로 간한다.

06 대추찹쌀고추장

주재료 및 부재료

재료 찹쌀 1kg, 대추 1kg, 메줏가루 350g, 고춧가루 600g, 엿기름 500g, 메주콩 500g, 소금
40g

조리방법

1. 메주콩과 찹쌀은 햇볕에 잘 말린 후 빻는다.
2. 엿기름은 물에 담근 후 불려 체에 걸러 밭친다.
3. 대추는 4시간 정도 잘 고아 준 후 체로 으깨고 걸러 씨와 껍질만 남긴다.
4. 엿기름과 으깬 대추를 섞어 4시간 정도 졸인다.
5. 찹쌀을 5시간 동안 불린 후 빻아 경단을 만들어 끓는 물에 삶아 건진다.
6. 찹쌀 경단을 치대어 풀면서 4.를 넣는다.
7. 6.에 고춧가루와 빻은 메주를 넣고 섞은 후 소금으로 간한다.

07 수수고추장

주재료 및 부재료

재료 메줏가루 1kg, 소금 500g, 고춧가루 750g, 수수가루 1.5kg, 물 2L

조리방법

1. 냄비에 소금물과 수수가루를 넣고 되직하게 죽을 쑨다.
2. 1.에 메줏가루를 넣고 잘 섞어 하루 정도 숙성시킨다.
3. 2.에 고춧가루를 넣고 잘 섞은 후 용기에 넣어 발효시킨다.

08 팥고추장

주재료 및 부재료

재료 메줏가루 500g, 소금 250g, 고춧가루 450g, 팥 750g, 찹쌀가루 500g, 물 2L

조리방법

1. 멥쌀은 가루로 빻아 쪄 놓는다.
2. 팥은 불순물을 가려내고 깨끗이 씻어 푹 삶은 뒤 곱게 찧는다.
3. 찹쌀을 깨끗이 씻어 되게 죽을 쑤고 메줏가루를 섞는다.
4. 고춧가루를 넣고 고루 섞으면서 소금을 넣어 간을 맞춘다.
5. 4.를 용기에 넣어 발효시킨다.

09 고구마고추장

주재료 및 부재료

재료 고구마 2kg, 고춧가루 250g, 엿기름 200g, 메줏가루 200g, 소금 200g

조리방법

1. 고구마는 껍질을 제거한 후 무르도록 삶아 준다.
2. 삶은 고구마는 잘 으깬 후 식혀 준다.
3. 엿기름 물을 끓인 후 체에 거른다.
4. 2.에 엿기름을 부어준 후 반나절 정도 따뜻한 곳에서 발효시킨다.
5. 발효시킨 고구마는 냄비에 넣고 저어 가며 묽은 엿이 되도록 잘 끓인다.
6. 냄비에 메줏가루, 고춧가루, 소금을 넣어 간을 한다.

10 호박고추장

주재료 및 부재료

재료 늙은 호박 2kg, 고춧가루 750g, 엿기름 1.2kg, 메줏가루 500g, 소금 300g

조리방법

1. 엿기름은 엿기름 물로 우려 준다.
2. 호박은 껍질과 씨를 제거한 후 납작하게 썰어 준다.
3. 호박에 엿기름 물을 넣고 약불에서 묽은 엿이 될 때까지 잘 끓여 준다.
4. 3.에 메줏가루, 고춧가루, 소금을 섞어 간을 한다.

11 인삼고추장

주재료 및 부재료

재료 찹쌀 1kg, 인삼 1kg, 메줏가루 350g, 고춧가루 600g, 엿기름가루 500g, 메주콩 500g,
소금 40g

조리방법

1. 수삼을 달인 물에 엿기름가루를 넣고 주물러 가라앉힌다.
2. 윗물만 받아 끓이다가 찹쌀완자를 넣어 익혀 덩어리가 없도록 저어서 식힌다.
3. 고춧가루, 메줏가루, 소금을 넣고 혼합한다.
4. 3.을 용기에 넣어 발효시킨다.

12 마늘대추고추장

주재료 및 부재료

재료 찹쌀 2kg, 마늘 12통, 고춧가루 750g, 대추 1.5kg, 소금 300g, 메줏가루 3kg

조리방법

1. 메주콩을 하루 정도 불렸다가 푹 삶아 햇볕에 말린 후 빻는다.
2. 메주콩, 찹쌀 1kg, 메줏가루 1.5kg을 섞어 고추장 메줏가루를 만든다.
3. 찹쌀을 찐 후 말려서 빻아 준다.
4. 엿기름은 물에 불린 후 체에 받히고 대추도 푹 삶아 체에 받쳐 거른다.
5. 엿기름과 대추는 함께 섞은 후 4시간 정도 졸인다.
6. 찹쌀은 경단을 만들어 끓는 물에 삶아 건진다.
7. 경단은 5.를 넣어 섞어 잘 풀어 준다.
8. 마늘을 손질한 후 곱게 갈아 7.와 고춧가루, 메줏가루, 고추장 메줏가루를 잘 섞은 후 소금으로 간한다.

13 약고추장

주재료 및 부재료

재료 간 소고기 200g, 다진 마늘 30g, 다진 파 혹은 다진 양파 60g, 통후추 약간, 간장 30g, 매실액 15g, 참기름 15g, 청주 1T, 고추장 400g, 고춧가루 60g, 설탕 45g, 올리고당 30g

조리방법

1. 소고기에 다진 마늘, 다진 파(혹은 다진 양파), 통후추, 간장, 참기름, 청주를 넣고 혼합한 후 반나절 정도 숙성시킨다.
2. 숙성된 소고기를 팬에 넣고 물기가 없어질 때까지 볶다가 고기의 색깔이 변하면 올리고당을 넣고 볶아 준다.
3. 2.에 설탕, 고춧가루, 고추장을 넣고 볶는다.
4. 모든 재료가 고루 섞이도록 약불에서 뭉근하게 끓인다.

14 뚝딱고추장(간편장)

주재료 및 부재료

재료 고추장용 고춧가루 500g, 메줏가루 250g, 조청 1kg, 소금 280g(천일염), 물 1.2L

조리방법

1. 분량의 물을 끓인다.
2. 끓인 물에 분량의 조청을 잘 풀어준다.
3. 조청물에 메줏가루를 넣고 잘 섞는다.
4. 3.의 재료에 고춧가루를 넣고 잘 저어 준다.
5. 소금으로 간을 한다. (싱거우면 소금을 더 넣는다.)
6. 항아리에 담아 숙성시킨다.

15 마늘고추장

주재료 및 부재료

재료 고추장용 고춧가루 500g, 다진 마늘 500g, 메줏가루 250g, 조청 1kg, 소금 300g, 끓인
   물 1L

조리방법

1. 물을 끓이고 끓인 물에 조청을 푼다.
2. 조청 물에 메줏가루를 넣어 잘 섞는다.
3. 2.의 재료에 고춧가루를 넣어 잘 저어준다.
4. 소금을 넣어 녹을 때까지 저어 준다.
5. 다진 마늘을 넣어 버무린다.
6. 항아리에 담아 숙성시킨다.

16 고추장떡

주재료 및 부재료

재료 밀가루 400g, 전분가루 50g, 물 400g, 고추장 15g, 참기름 7g, 소금 약간

조리방법

1. 밀가루와 전분가루에 물과 고추장을 넣어 혼합한다.
2. 소금을 넣어 간을 맞춘 후 잘 섞어 반죽한다.
3. 달군 팬에 기름을 두른 뒤 한 국자씩 떠서 노릇하게 부친다.

17 고추장두부삼겹살찌개

주재료 및 부재료

재료 두부 1/2모, 대패삽겹살 100g, 청양고추 1/2개, 홍고추 1/2개, 양파 1/2개, 대파 3cm, 다
　　시마육수 400g,
고기양념재료 간장 15g, 맛술 7.5g, 후추 1g
양념재료 고추장 15g, 고춧가루 30g, 진간장 15g, 다진마늘 15g, 후추 1g

조리방법

1. 두부는 먹기 좋은 크기로 납작하게 썬다.
2. 양파는 채썰고 홍고추와 청양고추, 대파는 어슷썬다.
3. 볼에 대패삽겹살을 넣고 고기양념재료로 잘 버무린다.
4. 냄비에 다시마육수를 넣은 후 두부와 고기를 넣고 끓인다.
5. 냄비가 끓으면 나머지 채소를 넣고 잘 끓여 준다.

18 고추장야채구이

재료 새송이버섯 1개, 가지 1/2개, 당근 1/2개
고추장소스 고추장 15g, 다진마늘 5g, 발효청 15g, 청주 5g, 참기름 2g, 깨소금 2g, 후춧가루
　　　　 1g)

조리방법

1. 새송이버섯과 당근, 가지는 깨끗이 손질한 후 1cm 두께로 썰어준다.
2. 오븐을 180℃로 예열한다.
3. 고추장, 다진마늘, 발효청, 청주, 깨소금, 후춧가루를 잘 섞어 고추장소스를 만든다.
4. 썰어놓은 재료를 오븐에 넣고 10분 정도 굽는다.
5. 구워진 야채에 고추장소스를 잘 발라 준다.

19 마늘쫑고추장무침

주재료 및 부재료

재료 마늘쫑 300g

마늘쫑양념 고추장 15g, 고춧가루 20g, 간장 10g, 올리고당 15g, 설탕 5g, 참기름 2g, 참깨
15g

조리방법

1. 마늘쫑은 흐르는 물에 깨끗이 씻은 후 4cm로 썬다.
2. 냄비에 물을 넣고 소금을 약간 넣은 후 물이 끓으면 마늘쫑을 20초 정도 데쳐 준다.
3. 데친 마늘쫑은 찬물로 식힌 후 체에 걸러 물기를 빼 준다.
4. 마늘쫑무침양념을 한데 섞어준다.
5. 체에 거른 마늘쫑에 마늘쫑무침양념을 넣어 고루 섞는다.

20 고추장삼겹살

주재료 및 부재료

재료 삼겹살 350g
고기밑간 간 양파 50g, 미림 15g, 설탕 7g, 다진마늘 15g
양념장 고추장 15g, 고춧가루 15g, 간장 15g, 물엿 7g, 꿀 15g, 참기름 7g

조리방법

1. 고기 밑간 양념을 만들어 볼에 담고 삼겹살을 넣어 고루 버무린 후 1시간 정도 재운다.
2. 양념장 재료를 고루 섞어 고기 양념장을 만든다.
3. 재워둔 고기에 양념을 섞어준다.
4. 팬에 기름을 두른 후 양념된 고기를 부어 준다.

Chapter 3

된장

된장이란?

된장은 콩으로 만든 메주를 소금물에 발효시킨 식품으로, 소금물은 체에 걸러 끓인 후 식히면 간장이 된다. 주로 국이나 찌개, 쌈장을 만들 때 이용하며 된장을 이용한 다양한 장이 있다.

콩을 삶아 메주를 빚고 볏짚으로 묶어 2~3개월 동안 바짝 말려 이를 씻은 뒤 소금물에 담가 40~60일 정도 숙성시킨다. 이후 콩의 수용성 성분이 우러나오면 그것을 간장이라고 하고, 남은 메주의 건더기는 소금으로 간을 해서 된장으로 만들어 먹는다. 항아리에 넣을 때에는 공기의 출입을 막기 위해 꼭 눌러 담고 맨 위에 웃소금을 두껍게 뿌려 부패를 막아 준다. 항아리의 입구는 베 보자기로 씌워 햇볕에 두고 숙성시키며, 4~5시간 정도 강한 햇볕을 쐬어 주면 장이 상하는 것을 막을 수 있다. 숯을 얹기도 하는데 이 때 숯은 항균 효과가 있다.

된장의 종류는 다양한데, 막장, 막된장, 담뿍장, 빰장, 빠개장, 가루장, 보리장, 두부장, 지레장, 비지장, 팥장, 토장, 즙장, 청태장, 생황장, 무장, 쌈장, 청국장 등이 있다. 된장은 100g당 128kcal의 열량을 가지며, 그 밖에 회분, 철분, 인, 칼슘, 비타민류도 포함하고 있다.

된장의 역사

된장은 콩을 이용한 식품으로 우리나라에서 콩을 재배한 것은 초기 철기시대로 알려져 있다.

《삼국지 위지동이전》에는 고구려에서 장양(醬釀)을 잘 한다고 기록되어 있는데, 장양은 장담그기 등의 발효성 식품들을 모두 일러 말하는 것으로 해석된다. 된장은《삼국사기》의 신문왕 폐백 품목에도 등장하며, 《해동역사》에서도 발해에서 된장을 만들었다고 기록하고 있다.

조선 시대가 되어서야 구체적인 문헌이 등장하는데, 콩으로 메주를 쑤는 법은《증보산림경제》에 "콩을 물에 씻은 다음 하룻밤 물에 담갔다가 건져서 익힌 것을 절구에 찧어서 둥글게 메주 모양을 만든 다음 한 치 정도의 반월형으로 썰어 만든다.

메주를 띄울 때는 말밥통 모양으로 구덩이를 파고, 한 자 거리를 격한 자리에 사면으로 물길을 만든다. 발을 엮어 구덩이 중간에 깔고, 만들어진 메주를 하나하나 보에 싸서 구덩이 위에 매달고 구덩이를 짚이나 풀로 덮어 비바람을 막으면서 그 속에서 띄운다.

메주에 옷이 입혀지기 시작하면 뒤집어 주며, 뜨는 동안 총 8~9회 뒤집어 주고 다 뜨면 꺼내어 햇볕에 말린다." 라고 기록되어 오늘날에도 장 담그는 법의 기본이 되었다.

 ## 된장의 효능

된장에 함유된 키토올리고당 성분은 항암, 항균작용을 하며 콜레스테롤 저하에 효과가 있다. 또한 된장은 단백질 함량이 높고 아미노산 구성이 좋아 소화의 효율을 높여주며, 필수아미노산인 라이신의 함량이 높아 질 좋은 영양의 섭취가 가능하다. 된장의 필수지방산은 피부병, 혈관질환 예방 등에 효능이 있으며 변비 예방, 항산화 작용 등의 효과가 있다.

 ## 된장 제조 Recipe

(1) 메주 담그는 법

메주 만들기
① 찐 콩은 온도가 떨어지기 전에 건져내어 콩의 크기가 1/3 정도가 될 때까지 찧는다.
② 찧은 콩을 메주 틀에 넣고 메주 위에 올라가 발로 밟는다.
③ 메주는 2.5~3.5 kg 정도의 사각형 혹은 원형 모양으로 만들어 햇볕에 2~3일 건조한다.

볏짚으로 매달기
① 따뜻한 온도가 유지되는 방에 1개월 정도 매달아 놓는다.
② 1개월 후 공기 순환이 잘 되는 곳에 1~3개월 정도 매달아 놓는다.
③ 메주 표면 및 균열이 생긴 내부에 노란 황국균이 번식하여 포자가 보이고 청국장과 비슷한 냄새가 나면 메주를 띄운 이상적인 형태가 된다.
④ 보통 2~3월까지 메주를 띄우는데 초기에는 하얀 실 같은 균사가 생기다가 나중에는 노랗거나 녹색인 곰팡이 포자가 생긴다.

메주 씻기

① 곰팡이가 생긴 메주는 햇볕에서 일광살균을 한다.

② 곰팡이의 노란 포자가 떨어질 때까지 연한 소금물에 씻는다.

소금물 준비하기

① 끓는 물과 소금을 4:1 비율로 넣는다.

② 하루 정도 방치한 후 찌꺼기가 나오면 이를 제거한다.

메주 넣기

① 메주를 소금물에 넣는다.

② 짚에 불을 붙여 항아리 내부를 살균한 후 소금물과 메주를 넣어 준다.

③ 메주는 그물 간격이 좁은 망에 담아 넣어야 하며 간장과 된장을 분리할 때까지 부서지지 않도록 한다.

④ 홍고추와 뜨거운 숯을 넣고 망을 띄워 뚜껑을 닫는다.

소금물 만들기

① 소쿠리에 면포를 깔고 간수된 소금을 담은 후 물을 붓는다.

② 소금을 녹인 후 하루 정도 놓아 두어 소금물과 찌꺼기가 분리되도록 한다.

메주 재우기

① 찌꺼기가 가라앉은 소금물을 분리하여 메주를 담아 놓은 항아리에 부어 준다.

② 이 때 소금물과 메주의 비율은 1:2로 한다.

장 가르기 후 전통 된장 만들기

① 간장과 된장을 분리하고 남은 메주에 간장물을 섞어 주며 잘 치대어 누른다.

② 그 위에 웃소금을 1cm 정도로 고루 뿌린다.

③ 얇은 면포로 밀봉한 후 낮에는 뚜껑을 열어 두고 밤에는 뚜껑을 닫아 놓는다.

④ 6개월 동안 숙성한 후 사용한다.

(2) 된장 만들기

재료 : 메주 재료(콩 10kg, 물 18L), 장 담그기 재료(메주 8kg, 소금 7kg, 물 25L), 고추 9개, 숯 3개, 대추 15개, 참깨 20g

메주 씻기

① 메주는 솔로 깨끗이 털어 물에 씻은 후 불순물을 제거한다.

② 메주를 작게 쪼개어 햇빛에 말린다.

물과 소금물 준비하기

① 물은 팔팔 끓인 후 식혀 놓는다.

② 물과 소금을 4:1 비율로 넣어 소금물을 준비한다.

③ 하루 정도 방치한 후 찌꺼기를 제거한다.

메주 재우기

① 장독에 메주를 차곡차곡 쌓는다.

② 메주가 잠길 정도로 식힌 물을 부어 한 달 정도 재운다.

메주 풀기

① 한 달 정도 지나 숙성이 되면 메주가 부드럽게 불려진다.

② 메주를 건져 손으로 주무르면서 고슬고슬하게 풀어 준다.

리죽 쑤기

① 보리를 씻어 8시간 정도 물에 불린 후 보리죽을 쑨다.

② 소금을 넣어 간을 한 후 메주가루를 넣어 잘 저어 섞는다.

반죽하기

① 메주에 보리죽을 넣고 고루 섞는다.

② 간장물로 간을 맞춘다.

된장 숙성시키기

① 장독에 된장을 넣어 공기가 들어가지 않게 꾹꾹 눌러준 후 위생비닐로 밀착시켜 덮는다.

② 그 위에 웃소금을 1cm 정도 두께로 뿌린다.

③ 2~5개월 정도 숙성시킨다.

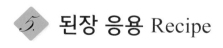 **된장 응용 Recipe**

01 재래 된장

주재료 및 부재료

재료 메주 3kg, 물 7L, 소금 500g

조리방법

1. 메주를 솔로 문질러 물에 깨끗이 씻은 후 적당히 쪼개 햇볕에 말린다.
2. 소금을 물에 풀어 체에 걸러 맑은 소금물을 준비한다.
3. 항아리에 메주를 차곡차곡 넣는다.
4. 메주가 잠길 정도로 물을 붓고 꾹꾹 눌러 한 달 동안 발효시킨다.
5. 한 달 후 메주가 부드러워지면 고루 주물러 덩어리를 없앤다.
6. 소금을 층층이 뿌려 낮에는 뚜껑을 열고 밤에는 뚜껑을 닫아 발효시킨다.

02 보리된장

주재료 및 부재료

재료 메주 3kg, 물 7L, 보리쌀 150g, 메줏가루 150g, 소금 500g

조리방법

1. 메주를 솔로 문질러 물에 깨끗이 씻은 후 적당히 쪼개 햇볕에 말린다.
2. 물을 끓여 식힌다.
3. 항아리에 메주를 차곡차곡 담은 후 메주가 잠길 정도로 물을 넣어준다.
4. 10일 후 그릇에 3.을 부어 손으로 잘 주물러 풀어준다.
5. 보리쌀은 깨끗이 손질한 후 8시간 동안 물에 담가 두었다가 보리죽을 쑤어 소금으로 간하고 메줏가루와 함께 고루 섞는다.
6. 4.와 5.를 혼합한다.
7. 항아리에 6.을 넣는데, 사이사이에 말린 통고추를 함께 넣는다.
8. 맨 위에 웃소금을 1cm 정도 뿌려준다.

03 저염된장

주재료 및 부재료

재료 묵은 된장 1kg, 멸치가루 30g, 새우가루 30g, 홍합가루 30g, 표고버섯가루 10g, 흰콩
100g, 물 800g

조리방법

1. 믹서기에 흰 콩과 물을 넣고 잘 갈아 흰 콩국을 만든다.
2. 묵은 된장에 멸치가루와 새우가루, 홍합가루, 표고버섯가루를 넣고 잘 섞는다.
3. 2.에 콩국을 부어 농도를 맞추어 준다.

04 막된장

주재료 및 부재료

재료 메줏가루 1kg, 보리쌀 500g, 고추씨 500g, 소금 300g, 물 4L

조리방법

1. 고추씨를 곱게 빻는다.
2. 보리쌀은 깨끗이 씻은 후 반나절 정도 물에 담갔다가 건져 물을 넣고 약간 질게 보리밥을 해서 식힌다.
3. 보리밥에 메줏가루, 고추씨, 소금을 넣고 고루 섞는다.
4. 항아리에 된장을 넣은 후 웃소금을 1cm 뿌려 준다.

05 막장

주재료 및 부재료

재료 보리쌀 300g, 물 4L, 메주 1kg, 고추씨분말 100g, 소금 500g, 엿기름 300g

조리방법

1. 보리쌀을 깨끗이 씻어 물 1L에 넣고 질게 보리밥을 한다.
2. 엿기름을 면주머니에 넣고 물 3L를 부어 주물러 준다.
3. 보리밥이 다 되면 한김 식힌다.
4. 식은 보리밥에 메줏가루, 고추씨가루, 소금을 넣고 골고루 버무려준다.
5. 막장의 마무리는 엿기름물로 맞추고 모자라면 일반물을 조금 넣는다.
6. 소독된 항아리에 담아 3개월 이상 숙성시켜 먹는다.

06 담북장

재료 메줏가루 800g, 고춧가루 200g, 소금물 400g, 집간장 200g

조리방법

1. 메줏가루는 체로 한번 친 후 고춧가루와 고루 섞는다.
2. 1.에 간장과 소금물로 간을 맞춘다.
3. 항아리에 꾹 눌러 담아 상온에서 3일 동안 발효시킨다.

07 집장

주재료 및 부재료

재료 보리쌀 1kg, 메줏가루 1kg, 고춧가루 500g, 물엿 1.5kg, 간장 400g, 소주 350mL, 소금
70g

부재료 절인고추 400g, 고추잎 400g, 무잎절임 700g, 가지 50g, 도라지청 150g, 조선간장
100g, 설탕 50g

조리방법

1. 보리쌀은 깨끗이 씻어 하루 정도 불린 후 빻아 가루로 만든다.
2. 시루에 1.을 30분 정도 찐 후 끓는 물은 뿌려가며 걸쭉하게 만들어 준다.
3. 걸쭉해진 보리쌀 가루를 양푼에 옮겨 담고 2일간 당화시킨다.
4. 3.에 메줏가루와 고춧가루를 넣고 간장으로 간한다.
5. 무잎절임은 조선간장에 절인 후 살짝 말린다.
6. 가지는 조선간장에 절인 후 살짝 말린다.
7. 고추, 고춧잎, 무잎, 가지는 잘 썰어 부재료로 만든다.
8. 4.에 물엿과 준비해 둔 부재료를 넣어 준다.
9. 소주를 넣어 주고 보아 가며 소금으로 간을 한다.

08 지레장

주재료 및 부재료

재료 메줏가루 500g, 김치국물 600g

조리방법

1. 김치국물을 체에 거른다.
2. 1.에 메줏가루를 넣고 섞어 실온에서 1달 정도 발효시킨다.

09 팥장

주재료 및 부재료

재료 팥 500g, 쌀 250g, 소금 2kg, 삶은 대두 5kg

조리방법

1. 팥을 삶은 후 하루 정도 물에 불린다.
2. 쌀을 하루 정도 물에 불린 후 밥을 짓는다.
3. 1.과 2.를 고루 섞어준다.
4. 3.을 메주로 성형한 후 잘 말려 준다.
5. 메주를 작게 부순 후 햇볕에 말린다.
6. 5.와 삶은 대두, 소금을 고루 섞어 곱게 찧은 후 항아리에 넣는다.
7. 6.을 매일 휘저으며 햇볕에 1주일 정도 발효시킨다.

10 시금장

주재료 및 부재료

재료 보리쌀 900g, 보리등겨 500g, 조청 500g, 고춧가루 200g, 진간장 150mL, 누룩소금
150mL, 말린무 50g

조리방법

1. 보리쌀을 깨끗이 씻어 물에 불린 후 질게 밥을 하여 뜨거울 때 조청을 넣어 섞는다.
2. 보리밥이 되직해 지도록 보리등겨 가루를 넣는다. 이때 보리등겨는 물에 반죽하여 도너츠 모양으로
   만들어 가운데 구멍을 내어 왕겨 재 속에서 24시간 구운 후 햇볕과 바람이 잘 드는 곳에서 한 달간
   발효시킨 후 사용한다.
3. 진간장, 누룩소금, 말린무를 넣어 잘 섞는다.
4. 실온에 10일 정도 발효 시킨 후 냉장 보관한다.

11 된장불고기

주재료 및 부재료

재료 돼지고기 300g, 청/홍고추 1개
1차 양념 매실청 30g, 청주 15g, 다진 생강 2g, 후춧가루 1g
2차 양념 된장 30g, 다진 마늘 5g

조리방법

1. 돼지고기는 먹기 좋은 크기로 손질한 후 1차 양념으로 버무려 재워 두었다가 2차 양념을 한다.
2. 청고추와 홍고추는 굵게 다진다.
3. 팬에 모든 재료를 넣고 잘 볶아 준다.

12 된장수제비

주재료 및 부재료

재료 중력분 250g, 물 150mL, 굵은 소금 7g, 차돌박이 150g, 부추 30g, 표고버섯 3개, 마늘
    2쪽, 청양고추 2개, 파 1대, 애호박 20g, 된장 40g, 고추장 15g, 고춧가루 15g, 감자전분
    15g, 국간장 7g
육수 멸치 10마리, 다시마 4조각, 파 1대, 양파 1/2개, 마늘 4쪽, 물 1.2L

조리방법

1. 된장과 고추장, 고춧가루, 국간장을 잘 섞어 수제비 양념을 만든다.
2. 볼에 중력분과 감자전분을 넣어 준다.
3. 물 150mL에 굵은 소금을 넣어 소금물을 만든다.
4. 2.에 소금물을 조금씩 부어 가며 반죽을 만든다.
5. 완성된 반죽은 비닐봉지에 넣고 냉장고에 1시간 정도 발효시킨다.
6. 냄비에 육수 재료를 넣고 30분 정도 약불에서 끓여 준 후 건더기는 체로 거른다.
7. 애호박과 표고버섯, 청양고추, 대파는 얇게 썰어 주고 마늘은 다져 놓는다.
8. 부추는 5cm 길이로 썬다.
9. 6.에 된장과 고추장을 체에 넣고 잘 풀어 준다.
10. 9.가 끓으면 부추를 제외한 모든 야채를 넣어 준다.
11. 냄비가 한 번 더 끓으면 냉장고에서 반죽을 꺼내 먹기 좋은 크기로 수제비를 만들어 준다.
12. 냄비에 차돌박이를 넣고 고춧가루와 국간장으로 간을 한다.
13. 부추를 넣어 완성한다.

13 된장가지구이

주재료 및 부재료

재료 가지 2개, 된장 10g, 간장 5g, 다진 마늘 7g, 꿀 15g, 레몬즙 15g, 참기름 7g, 생강가루
    1g

조리방법

1. 가지는 길게 반으로 잘라 그물 모양으로 앞뒤로 칼집을 낸다.
2. 팬에 오일을 두른 후 앞뒤로 노릇하게 구워 준다.
3. 간장, 된장, 다진 마늘, 꿀, 레몬즙, 참기름, 생강가루를 고루 섞어 양념을 만든다.
4. 2.에 양념을 고루 펴 바른 후 뚜껑을 덮어 약불에서 3분 정도 익힌다.

14 된장수육

주재료 및 부재료

재료 수육용 삼겹살 600g, 된장 100g, 맛술 60g, 물 600g

조리방법

1. 수육용 삼겹살은 2cm 두께로 썰어 준다.
2. 된장과 맛술을 잘 섞어 양념을 만든다.
3. 1.에 양념을 고루 발라 3시간 동안 재운다.
4. 냄비에 밑간 해 둔 삼겹살과 물을 붓고 센 불에서 5분, 중불에서 5분, 약불에서 5분 동안 삶는다.
5. 수육을 건져 먹기 좋은 크기로 자른다.

15 된장고추무침

주재료 및 부재료

재료 풋고추 10개
양념 된장 30g, 마요네즈 15g, 땅콩버터 15g, 통깨 5g

조리방법

1. 풋고추는 깨끗이 손질한 후 물기를 제거하고 어슷썬다.
2. 양념재료를 한 데 모아 고루 섞는다.
3. 준비한 재료를 볼에 담아 고루 무쳐 준 후 통깨를 넣고 마무리한다.

Chapter 4

청국장

1. 청국장이란?

청국장은 항아리에 짚을 깔아 그 위에 콩을 넣고 발효시킨 것을 이용하여 담그고, 그 장을 다른 채소와 함께 끓여 먹는다. 일반 된장처럼 메주를 만드는 것은 동일하나 메주를 숙성시키는 것이 아니라 말린 뒤 빻아 따뜻한 물을 붓고 소금 등을 섞어서 6~7일간 발효시키는 속성장이다.

청국장은 전국장이라고도 불리는데, 이는 조선 시대 병자호란 무렵 청나라 군인들이 군량으로 사용하던 장이어서 붙여진 것으로 알려져 있다. 누룩곰팡이를 주 발효균으로 삼아 콩과 볏짚에 존재하는 바실러스 서브틸리스(*Bacillus subtilis*) 균으로 발효시킨다. 청국장은 된장에 비해 만든지 얼마되지 않아 금방 먹을 수 있어 영양, 경제면에서 효율성이 높은 콩 발효식품이다.

2. 청국장의 역사

청국장의 어원과 기원은 불분명하나, 고구려 시대의 한반도 유입설, 발해 유입설, 청나라 유입설 등의 기원이 전해지고 있다. 이 중에서 가장 신빙성이 있는 것은 청나라에서 들어와서 청국장이라 불린다는 설이지만, 청국장과 유사한 식품에 대한 기록은 삼국시대 초기에 존재한다. 특히 많이 비교되는 일본의 콩 발효 식품군인 낫토와도 유사하다고 알려져 있으나 두 식품이 어떠한 연관이 있는지는 아직까지도 밝혀진 바가 없다.

《조선무쌍 신식요리제법》에는 "콩을 붉게 볶아 맷돌에 타서 껍질 없이 까불러 물을 많이 붓고 삶아 건진다음 즙은 따로 두고 콩은 오장이에 넣어 떼거나 항아리에 넣어 가랑잎으로 덮고 헝겊으로 입을 동여매어 더운 방에 거꾸로 엎어 놓는다.

3~4일 후에 열어 보면 줄이 죽죽 지고 빛이 검고 뜬내가 난다. 국 끓인 만큼 솥에 넣고 먼저 삶은 즙을 붓고 달이되 잡탕에 넣는 여러 고기와 쇠꼬리, 등심 힘줄에 말린 대구, 북어, 해삼, 전복, 홍합, 다시마, 무, 겨울 파를 모두 넣어 삶되 무와 파는 나중에 넣는다.

다 익으면 꺼내어 무는 네모지고 굵게 썰어 갖은 고명하여 주물러 넣고 다시 한소금 끓인다. 먹을 때마다 떠서 끓여 국수도 말고 밥도 말아먹는데 술 먹는 사람은 겨울에 특히 좋다.

처음에 콩 삶은 즙은 국에 넣지 않아도 된다. 국을 한 동이쯤 끓이려면 띄운 것은 한 사발쯤 넣고 나머지는 두고두고 먹어도 좋다.

대개 깊은 겨울이나 이듬해 정월에 먹으며 토장국이나 젓국에는 넣지 못한다." 라고 청국장 만드는 법을 자세히 기재하고 있다.

 ## 청국장의 효능

청국장은 단백질 함유량이 매우 높고 이 중에는 필수아미노산의 함량이 높아 영양적으로 우수하며, 리놀레산,올레산,리놀레산 등의 불포화지방산을 함유하여 혈중 콜레스테롤의 농도를 낮추고 고지혈증 등의 개선, 피부 재상 등에 효과가 있다.

청국장에는 또한 제니스테인이라는 이소플라본(Isoflavone) 단백질 함유량이 높은데, 이는 항산화 물질 및 항암 물질로 기능한다. 청국장의 섬유질은 노폐물을 흡착하여 배출을 용이하게 하며, 사포닌 성분은 암 예방 및 암 증식 억제효과 등이 있다.

 ## 청국장 제조 Recipe

청국장 만드는 법

재료 : 메주콩 500g, 물 1.2L

① 콩은 깨끗이 씻은 후 미지근한 물에 반나절 정도 불린다.
② 불린 콩과 물을 냄비에 담아 약불에 1시간 동안 끓인다.
③ 삶은 콩은 건져 물기를 빼 준다.
④ 소쿠리에 짚을 깐 후 그 위에 면포를 깔고 삶은 콩을 담은 후 다시 면포로 덮고 이불로 감싸 준다.
⑤ 온도는 45℃를 유지하고 3일 정도 발효시키면 하얀 실이 생기며 발효가 된다.
⑥ 발효된 콩을 찧어 기호에 맞게 소금, 마늘, 고춧가루 등을 섞어서 모양을 낸다.

 ## 청국장 응용 Recipe

01 서리태청국장

주재료 및 부재료

재료 서리태 400g, 물 1kg

조리방법

1. 서리태를 하루 정도 물에 불려 준 후 4시간 동안 삶아 물기를 뺀다.
2. 소쿠리에 짚을 깐 후 그 위에 면포를 깔고 삶은 콩을 담은 후 다시 면포로 덮고 이불로 감싸 준다.
3. 발효된 서리태 청국장을 고루 으깬 후 둥글게 성형해 냉동고에 넣어 보관한다.

02 서목태(쥐눈이콩)청국장

주재료 및 부재료

재료 서목태 400g, 물 1kg

조리방법

1. 서목태를 하루 정도 물에 불려 준 후 4시간 동안 삶아 물기를 뺀다.
2. 소쿠리에 짚을 깐 후 그 위에 면포를 깔고 삶은 콩을 담은 후 다시 면포로 덮고 이불로 감싸 준다.
3. 발효된 서목태 청국장을 고루 으깬 후 둥글게 성형해 냉동고에 넣어 보관한다.고 메주가루와 함께 고루 섞는다.
4. 4.와 5.를 혼합한다.
5. 항아리에 6.을 넣는데. 사이사이에 말린 통고추를 함께 넣는다.
6. 맨 위에 웃소금을 1cm 정도 뿌려준다.

03 청국장샐러드

재료 양상추 2장, 새싹채소 100g, 홍/청 파프리카 1/2개, 생청국장 30g

소스 간장 30g, 참기름 15g, 레몬즙 30g, 식초 15g, 매실청 15g, 소금 1g, 후춧가루 1g

조리방법

1. 양상추는 깨끗이 손질한 후 먹기 좋은 크기로 뜯어 준다.
2. 새싹 채소는 얼음물에 담갔다가 물기를 제거한다.
3. 파프리카는 씨를 제거한 후 얇게 채 썬다.
4. 양념재료를 고루 섞어 양념을 만들어 준다.
5. 접시에 양상추와 파프리카, 새싹 채소를 넣고 양념을 뿌린 후 그 위에 생청국장을 올려 준다.

04 청국장찌개

주재료 및 부재료

재료 청국장 60g, 두부 1/2모, 대파 1/2대, 양파 1/2개, 청/홍고추 1개씩, 다진 마늘 15g, 고춧
　　 가루 5g, 멸치 육수 600mL

조리방법

1. 두부와 양파는 2cm 크기로 사각 썰기한다.
2. 대파와 고추는 어슷 썬다.
3. 냄비에 멸치육수를 넣고 청국장을 잘 풀어 끓이다가 준비한 재료와 다진 마늘을 넣고 끓여 준다.
4. 고춧가루로 간을 하여 완성한다.

05 청국장 봄동무침

주재료 및 부재료

재료 봄동 200g, 바지락살 100g, 홍파프리카 1/2개
양념 청국장 45g, 올리고당 10g, 고춧가루 5g, 통깨 5g, 들기름 2g

조리방법

1. 바지락살은 소금물에 여러 번 씻은 후 체에 걸러 물기를 제거한다.
2. 냄비에 물을 넣고 끓으면 바지락 살을 넣고 살짝 데친다.
3. 봄동은 한 잎씩 떼어 흐르는 물에 여러 번 씻은 후 불순물을 제거한다.
4. 냄비에 물을 넣고 끓으면 봄동을 살짝 데친 후 찬물에 헹구어 물기를 제거한다.
5. 물기를 제거한 봄동은 5cm 길이로 썬다.
6. 홍파프리카는 씨를 제거한 후 얇게 채 썬다.
7. 양념 재료를 한 데 모아 고루 섞는다.
8. 볼에 모든 재료를 넣고 잘 무쳐 완성한다.

06 청국장 두부조림

재료 부침두부 1모, 마늘 6쪽, 어묵 2장, 파 4cm, 양파 1/2개
양념 청국장 45g, 간장 45g, 굴 소스 30g, 고춧가루 15g, 참기름 30g, 조청 5g

조리방법

1. 마늘은 곱게 다지고 두부는 먹기 좋은 크기로 잘라 팬에 기름을 두른 후 앞뒤로 노릇하게 굽는다.
2. 어묵은 두부 사이즈에 맞추어 자른다.
3. 양파와 파는 얇게 채 썬다.
4. 양념재료를 고루 섞은 후 다진 마늘을 넣고 양념을 완성한다.
5. 팬에 양파와 어묵을 올린 후 양념과 물을 1:1 비율로 넣는다.
6. 양념이 끓으면 조청을 넣어 준다.
7. 6.에 노릇하게 구워진 두부를 넣은 후 대파와 참기름을 넣고 잘 졸인다.

07 생청국장 비빔밥

재료 밥 500g, 생청국장 100g, 데친 얼갈이배추 100g, 데친 숙주 100g, 새송이버섯 2개, 깻잎장아찌 80g, 계란 1개, 김가루 2g, 들기름 2g, 참기름 2g, 소금 2g

조리방법

1. 데친 숙주와 얼갈이배추는 먹기 좋은 크기로 자른 후 참기름과 소금으로 간한다.
2. 새송이는 잘게 다진 후 팬에 들기름을 둘러 잘 볶는다.
3. 깻잎장아찌는 송송 썰고 계란은 지단을 부쳐 얇게 채 썬다.
4. 그릇에 밥을 담고 준비한 재료를 원 모양으로 둘러 담고 지단을 올려 마무리한다.

08 즙장

주재료 및 부재료

재료 밀띄운 것 250g, 콩띄운 것 100g, 청양고추 20g, 생표고 150g, 엿기름가루 150g, 건표고 40g, 고운고춧가루 50g, 건다시마 40g, 생가지 230g, 소금 100g, 무 1kg, 조청 280g, 부추 500g, 찹쌀죽 200g, 청국장가루 30g, 집간장 40g

조리방법

1. 무, 가지를 먹기 좋게 썰어 1시간 정도 절여 꾸덕꾸덕 말린다.
2. 부추도 먹기 좋게 잘라 10분정도 절인다.
3. 찹쌀은 불려 죽을 끓인다. (엿기름물)
4. 소금에 절인 야채를 건져 찹쌀풀에 가루 종류와 야채를 버무려 보온 밥통에 넣고 48시간 둔다.
5. 다시마와 표고버섯을 넣고 끓여서 조린다.
6. 국간장으로 간을 맞추어 냉장고에 보관한다.
* 여러 가지 야채, 말린 야채를 넣어도 됩니다. (말린 박고지, 취나물, 무청, 고비나물, 도라지 등)

Chapter 5

간장

1. 간장이란?

간장은 음식의 간을 맞추는 기본 양념으로 이용되며, 짠맛·단맛·감칠맛 등이 복합되어 독특한 맛과 특유의 향을 가지고 있다. 메주를 항아리에 오랫동안 담가 발효시킬 때 생기는 웃물은 간장을 만드는 데 이용되고, 아래 앙금은 된장을 만드는 데 이용되어 동시 생산된다. 간장은 농도에 따라 진간장·중간장·묽은간장 등으로 나눈다.

간장을 만드는 방식은 크게 2가지로 구분되는데, 재래식은 가을에 콩으로 메주를 쑤어 온돌에서 띄운 후 이듬해 봄에 햇볕에 건조한 메주를 소금물에 담가 볕이 잘 드는 곳에 두고 30~40일 가량 잘 우려낸 후 즙액만 떠내어 체로 걸러 솥에 붓고 달여서 만든다. 반면 개량식은 황국균(Aspergillus oryzae)을 써서 만든 개량메주로 담근 것으로 한 종류의 곰팡이만을 번식시켜 만들어 품질이 균일하고 강한 감칠맛을 지닌다.

간장은 100g 당 50kcal의 열량을 가지고 있으나, 실제로는 한 번에 섭취하는 양이 많지 않으므로 큰 문제는 없다. 그러나 나트륨의 함량이 총 중량의 5~6%에 달해 섭취 시에 주의하여야 할 필요가 있다.

2. 간장의 역사

《삼국사기》에 폐백 품목으로 간장과 된장이 기록되어 있는 것으로 보아 삼국시대에 이미 장류가 사용되었음을 미루어 알 수 있다. 《고려사》에는 장류가 굶주린 백성을 위한 구휼식품으로 이용되었다는 사실도 기록되어 있으며 《증보산림경제》에 수록된 장 담그는 법에서는 "메주 한 말, 소금 6~7되, 물 1통으로 하되 가을과 겨울 간에는 이보다 적게 하고, 늦은 봄에는 이보다 많이 한다. 메주는 잘 띄워서 다시 소금물로 깨끗하게 씻어서 쓰고, 항아리에 먼저 대나무로 겅그레를 만들어 그 위에 메주를 얹어놓고 끓여 식힌 소금물을 붓는다." 라는 기록이 있다.

3. 간장의 효능

간장은 콩의 유리 아미노산을 다량 함유하고 있어 질 좋은 단백질 공급원으로서의 역할을 수행하며, 콜레스테롤이 함유되어 있지 않아 동물성 단백을 섭취하지 못하는 사람도 안전하게 섭취가 가능하다. 리놀레산 등의 불포화지방산이 다량 함유되어 고혈압, 동맥결화 질환 등의 혈관질환에 예방 혹은 치료에 도움이 되며 레시틴 성분에 의해서는 신장 기능이 강화되는 효과가 있다.

 ## 간장 제조 Recipe

간장 담그는 법

재료 : 메주 2kg, 물 5L, 소금 2.5kg, 숯, 고추 5개, 대추 5알

① 소금에 물을 부어 소금물을 만든 후 고운 체로 걸러 준다.
② 메주는 솔로 깨끗이 문질러 씻는다.
③ 항아리에 메주를 차곡차곡 넣은 후 그 위에 준비한 소금물을 붓는다.
④ 깨끗이 손질한 숯, 고추, 대추를 함께 넣고 뚜껑을 닫아 3일간 발효시킨 후 뚜껑을 열어 햇볕을 쬐게 한다.
⑤ 망사로 항아리 위를 봉한 후 뚜껑을 열어 5개월 정도 발효시킨다.
⑥ 항아리에 넣었던 숯, 고추, 대추를 꺼내고 체로 거른다.
⑦ 간장과 된장으로 장 가르기를 한다.
⑧ 체에 받힌 간장은 그대로 두거나 달여서 거품을 제거한 후 식힌다.
⑨ 6개월 정도 2차 숙성시킨다.

 ## 간장 응용 Recipe

01 저염간장

주재료 및 부재료

재료 다시마 1장, 밴댕이 10마리, 대파 1대, 마늘 10쪽, 양파 1개, 사과 2개, 말린 표고버섯 2
　　　개, 황태채 1/2개, 생강 2쪽, 청양고추 3개, 소주 100mL

조리방법

1. 냄비에 물을 넣고 밴댕이와 다시마를 넣어 10분 정도 끓여 육수를 낸다.
2. 냄비에서 다시마를 제거하고 10분간 중불로 더 끓인다.
3. 파, 마늘, 사과, 양파, 황태는 알맞은 크기로 썬 후 육수에 넣어 30분 동안 뭉근히 끓인다.
4. 청양고추와 말린 표고버섯을 넣고 10분간 더 끓인다.
5. 체에 걸러 건더기를 꾹꾹 눌러 담아 짜 준다.
6. 냄비에 간장 1L와 육수 1.2L를 넣고 생강을 함께 넣어 한 번 더 뭉근하게 끓인다.
7. 6.이 끓으면 소주를 넣고 한 번 더 끓여 식힌다.

02 진간장

주재료 및 부재료

재료 간장 1.8L, 흑설탕 100g, 다시마 1잎, 멸치가루 100g

조리방법

1. 다시마는 마른 행주로 겉면을 살짝 털어준 후 물을 부어 3시간 정도 불린다.
2. 멸치가루는 면포에 싸 묶어 준다.
3. 냄비에 흑설탕을 넣고 녹여 준다.
4. 3.에 1.을 넣고 약불에 끓여낸 후 2.를 넣어 강불로 20분 동안 졸여 식힌다.

03 쇠고기맛간장

주재료 및 부재료

재료 진간장 200g, 설탕 20g, 고추씨 5g, 마른 홍고추 1/2개, 백포도주 25g, 후추 1g, 조청
15g, 쇠고기(양지머리) 50g, 마른 다시마 3g, 깻잎 1장, 마늘 2쪽, 생강 2g, 양파 20g,
대파 10g, 물 20mL, 무 10g, 양배추 1장

조리방법

1. 마늘과 생강은 도톰하게 저미고 홍고추는 적당한 크기로 썬다.
2. 깻잎은 반으로 자르고 쇠고기는 도톰하게 자른다.
3. 냄비에 간장과 설탕을 넣어 녹이고 고추씨, 홍고추, 다시마, 백포도주, 후추, 쇠고기를 넣어 중불로
   끓인다.
4. 3.이 끓어오르면 약불로 불을 줄여 10분간 더 끓여준다.
5. 다시마를 건져 낸 후 나머지 재료를 함께 넣어 20분 동안 더 끓인다.
6. 체로 건더기를 건져 낸 후 조청을 넣고 한 번 더 끓여 식힌다.

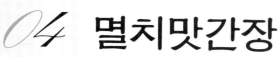

04 멸치맛간장

주재료 및 부재료

재료 진간장 600g, 배추씨 15g, 마른 홍고추 1개, 백포도주 75g, 후추 3g, 마른 다시마 10g, 깻잎 3장, 마늘 4쪽, 생강 5g, 양파 1/4개, 대파 10g, 물 50g, 무 20g, 양배추 4장, 쇠고기(양지) 100g, 다시멸치 10g, 마른 새우 10g

조리방법

1. 채소는 깨끗이 씻어 손질한 후 적당한 크기로 자르고 고기는 핏물을 제거한다.
2. 간장을 제외한 모든 재료를 넣고 20분 정도 육수를 우려낸 후 다시마, 다시멸치, 마른 새우를 건져 낸다.
3. 20분 정도 약불에 한 번 더 끓여준 후 간장과 육수를 4:1 비율로 혼합하여 끓인다.

05 보리새우맛간장

주재료 및 부재료

재료 멸치 300g, 보리새우 200g, 양파 2개, 다시마 100g, 말린 표고버섯 10g, 무 200g, 물
    4L, 간장 2L

조리방법

1. 찬물에 간장을 제외한 모든 재료를 넣고 30분 동안 끓여준다.
2. 육수에 간장 2L를 부어 양이 1/2이 될 때까지 졸인다.

06 쇠고기달걀장조림

주재료 및 부재료

재료 쇠고기(홍두깨살) 250g, 다시마육수 200g, 달걀 2개, 꽈리고추 3개, 물 200g,
조림장 간장 45g, 올리고당 15g, 후춧가루 2g

조리방법

1. 쇠고기는 한 시간 동안 물에 담가 핏물을 뺀 후 먹기 좋은 크기로 썰어준다.
2. 꽈리고추는 꼭지를 제거하고 달걀은 삶아 껍질을 제거한다.
3. 냄비에 물, 쇠고기, 다시마육수를 넣고 강불에서 끓인다.
4. 냄비가 끓으면 불을 약불로 줄이고 쇠고기를 넣어 삶는다.
5. 냄비에 조림장과 달걀을 넣고 국물이 자작해질 때까지 졸인다.
6. 꽈리고추를 넣어 함께 졸여낸다.

07 간장불고기

주재료 및 부재료

재료 돼지고기(뒷다리살 500g), 표고버섯 1개, 양배추 40g, 양파 1개, 대파 20g
양념장 간장 60g, 올리고당 30g, 맛술 30g, 다진마늘 15g, 후추 2g

조리방법

1. 돼지고기에 후추를 넣고 1차 숙성시킨 후 양념장을 넣어 1시간 이상 2차 숙성시킨다.
2. 파는 송송 썰고, 양파와 양배추는 얇게 채 썬다.
3. 팬에 기름을 두른 후 파를 볶아 파기름을 내 준다.
4. 고기와 나머지 재료를 모두 올려 잘 볶는다.

08 간장새송이볶음

주재료 및 부재료

재료 새송이버섯 2개, 배추잎 2장, 홍고추 1개, 대파 10g, 다진 마늘 5g, 들기름 30g, 간장 30g, 깨소금 3g

조리방법

1. 새송이버섯과 배춧잎은 먹기 좋은 크기로 자른다.
2. 홍고추와 대파는 어슷 썰기로 자른다.
3. 팬에 들기름을 두른 후 배추가 투명해질 때까지 볶아 준다.
4. 팬에 간장과 버섯, 마늘, 다진 마늘, 홍고추, 대파를 넣고 고루 볶는다.
5. 깨소금을 고명으로 올려 마무리한다.

09 간장게장

주재료 및 부재료

재료 꽃게 2kg, 간장 500mL, 설탕 45g, 청주 30g, 마늘 10쪽, 파 20g, 청양고추 7개
육수 건표고 3개, 다시마 30cm, 생강 1쪽, 사과 1/2개, 양파 1/2개

조리방법

1. 냄비에 물 1L를 넣고 육수 재료를 함께 넣어 끓여 육수를 만든다.
2. 육수가 끓으면 다시마를 건져 중불에서 30분 동안 더 끓인 후 나머지 재료를 건져낸다.
3. 꽃게는 흐르는 물에 씻으면서 칫솔 등을 이용해 고루 씻어준다.
4. 간장과 육수를 한 데 섞어 간장물을 만들어 놓는다.
5. 청양고추와 파, 마늘은 잘게 썰어 준비한다.
6. 용기에 꽃게를 깔고 청양고추, 파, 마늘을 올린 후 간장물을 부어 3일간 숙성시킨다.

10 호두간장조림

주재료 및 부재료

재료 호두 100g, 물 200g, 소금 2g
조림장 간장 25g, 올리고당 25g, 들기름 2g, 포도씨유 10g

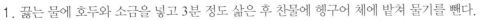

조리방법

1. 끓는 물에 호두와 소금을 넣고 3분 정도 삶은 후 찬물에 헹구어 체에 밭쳐 물기를 뺀다.
2. 냄비에 조림장 재료를 모두 넣고 끓인다.
3. 조림장이 끓으면 준비한 호두를 넣고 조림장이 자작해질 때까지 졸인다.

Chapter 6

식초

식초란?

식초는 곡물, 과일 등을 특정 방법으로 발효시켜서 만드는 조미료의 일종으로, 일반적인 발효 과정에서 술이 산화되어 식초가 만들어지므로 대부분이 접할 수 있는 조미료이다. 특히 생선의 비린내를 없애는 것과 더불어 살균효과까지 부여하므로 요리에 많이 이용하였으며, 실제로 그 살균 효과 때문에 과거에는 현대의 소독약처럼 이용되기도 했다.

식초는 3-5% 정도의 초산이 포함된 산성 식품이며 크게 2가지로 구분된다. 발효로 만든 양조식초는 원료 및 발효 공정 중에 생성된 향미를 가지며, 휘발성 및 비휘발성의 각종 유기산, 당, 아미노산, 에스테르류 등을 함유한다. 양조식초는 효모(Yeast)를 이용하여 당을 알코올로 만들고, 다시 초산균(Acetic acid bacteria, *Acetobactor* 속)을 이용하여 알코올을 초산(Acetic acid)으로 변화시켜 제조한다. 합성식초는 빙초산을 물로 희석하여 조미료를 가한 것으로, 초산 성분 이외에 아무런 영양성분이 없다.

식초는 100g에 1kcal라는 매우 낮은 열량을 가지고 있어 다이어트 식품으로도 이용된다.

식초의 역사

우리 나라에서 식초를 사용한 시기는 정확히 알 수 없으나, 《지봉유설》에서 "초를 다른 말로 쓴 술이라 한다." 는 말이 있어 이로 미루어 볼 때 그 기원이 주류와 함께 했을 것으로 추정한다. 양조법은 삼국시대 이전부터 있었으므로 식초도 비슷한 시기에 있었을 것으로 생각되며, 《고려도경》, 《해동역사》, 《향약구급방》 등에도 식초에 대한 내용이 기재되어 있다.

조선시대의 《고사촬요》는 식초제조법이 기록된 최초의 문헌으로 알려져 있으며, 《증보산림경제》에는 "초는 장(醬)의 다음으로 맛을 돋우어주는 바가 많아서 가정에는 없어서는 안되는 것이다. 한 번 만들어 두면 오래 가고 또 비용을 절약하는 바가 적지 않다." 라고 하여 초의 중요성을 기록하고 있다.

식초의 효능

　식초의 주 성분인 초산은 살균과 해독작용을 하며, 풍부한 유기산은 각종 성인병의 예방 등 건강에 좋은 것으로 알려져 있다. 구연산, 아미노산 성분은 체내 노폐물 배출과 지방 분해를 촉진하며 특히 육류의 섭취가 많은 사람은 산성 식초의 섭취로 체질 개선 효과까지 얻을 수 있다.

　또한 변비 개선과 피부 트러블을 완화시키며, 체내의 유해금속이나 발암 물질 등을 흡착하여 배출하므로 디톡스(Detox) 효과를 가지고 있다. 더불어, 식초는 유산, 젖산 등의 피로 유발 물질을 분해해 배출시킴으로써 피로회복의 효과도 있다.

식초 제조 Recipe

종초 만들기

재료 : 생막걸리 2.25L

① 소독된 용기에 첨가제가 들어있지 않은 생막걸리를 1.5L 넣어 준 후 천을 덮어 초산발효를 유도한다.
② 실온(25~30℃)에서 발효시키되 35℃가 넘어가면 균이 죽게 되므로 온도조절에 유의한다.
③ 7~10일이 지나면 표면에 얇은 초막이 생기는데, 이 때 살짝 흔들어 초막을 깨 주고 3일에 한 번씩 잘 소독된 도구로 바닥에 잠겨 있는 앙금을 잘 혼합한다.
④ 30~45일 정도 지나 술이 말갛게 변하면 초산균이 가득 들어 있는 종초가 만들어진다.

종초 키우기

① 생막걸리 750mL를 소독된 용기에 넣어 준다.
② 준비한 종초를 용기에 225mL 넣어 준다.
③ 용기의 입구를 공기가 드나들 수 있는 천으로 묶어 밀봉한 후 실내(25~30℃)에서 발효시킨다.
④ 천 위에 옛날 10원짜리 동전을 함께 올려둔다. 초산발효가 이루어지기 시작하면 동전의 색이 초록색으로 서서히 변하는 것을 확인할 수 있다.

⑤ 10일 후 얇은 초막이 생기기 시작하면 소독한 주걱으로 저어 주거나 흔들어 깨 주기를 반복한다.

⑥ 30일 정도 지나면 초산 발효가 이루어지면서 뽀얗던 술이 점점 노르스름하게 변한다.

⑦ 완성되면 몇 달 가량 더 숙성시켜 종초를 만든다.

5. 식초 응용 Recipe

01 사과식초

주재료 및 부재료

재료 사과 9kg, 이스트 9g, 설탕 1.5kg, 레몬 1개

조리방법

1. 사과는 깨끗이 손질한 후 반으로 잘라 씨를 빼고 잘게 잘라준다.
2. 소독된 용기에 사과와 설탕을 한 번씩 번갈아 가며 담는다.
3. 2.에 레몬과 이스트를 넣는다.
4. 입구를 비닐로 덮어 밀봉하고 바늘로 여러 개의 구멍을 내어 1개월 동안 알코올 발효를 시킨다. 이 때, 1~2일 정도는 내용물을 위 아래로 저어 준 후 다시 밀봉하여 바늘 구멍을 내 준다.
5. 한 달 후 술을 거르고 술의 양의 2~30% 정도 되는 양의 종초를 넣어 초산 발효를 시킨다.
6. 두 달이 지나면 초막이 생기기 시작하고 초를 넣은 지 7개월이 지나면 식초가 익는다.

02 바나나식초

주재료 및 부재료

재료 바나나 1.5kg, 물 1L, 설탕 350g, 이스트 2g

조리방법

1. 바나나는 껍질을 벗긴 후 소독된 용기에 담아둔다.
2. 용기에 물과 설탕, 이스트를 넣어 알코올 발효를 시킨다.
3. 용기의 입구를 비닐로 밀봉하여 바늘로 구멍을 내 준 후 알코올 발효를 시작한다. 이 때, 위 아래로 한 번씩 저어 주면 좋다.
4. 알코올 발효가 시작된 지 1개월이 지난 후 바나나는 건더기가 밑으로 내려가고 술이 차오르게 된다. 이 때, 윗술을 잘 따라내고 탁한 액을 걸러 준다.
5. 용기에 술과 종초를 넣어 초산 발효를 시킨다. 이 때 종초는 술 양의 20~30%를 넣어 준다.
6. 입구에 면 천을 덮고 초막을 관리한다.

03 하늘수박식초

주재료 및 부재료

재료 하늘수박 2kg, 물 0.4L, 설탕 680g, 이스트 1g, 누룩 100g

조리방법

1. 하늘수박은 깨끗이 손질한 후 물기를 제거하고 잘게 잘라 소독된 통에 담는다.
2. 1.에 설탕과 물을 넣은 후 고루 섞어 주고 이스트와 누룩도 활성화시켜 함께 넣어 준다.
3. 알코올발효를 위해 입구를 비닐로 밀봉하고 바늘 구멍을 내 준다.
4. 한 달이 지나면 술이 다 차오르는데 이 술을 걸러 초산 발효를 준비한다.
5. 종초를 술 양의 30%를 넣어 초산 발효를 시킨다.

04 산수유식초

주재료 및 부재료

재료 산수유 발효액 2L, 물 1.7L, 누룩 50g

조리방법

1. 산수유 발효액과 물을 섞어 당도 24Brix를 맞춘 후 활성화시킨 누룩을 넣어 알코올발효를 시킨다.
2. 뚜껑을 밀봉한 후 바늘 구멍을 내어 준다.
3. 한 달 정도 알코올발효를 시킨다.
4. 술이 되면 앙금을 걸러 맑은 술만 소독된 용기에 넣고 종초를 술의 30% 양으로 넣어 초산발효를 시킨다.
5. 입구를 천이나 한지로 덮어 준다.

05 홍매실식초

주재료 및 부재료

재료 홍매실 발효액 건더기 2kg, 이스트 2g, 물 0.4L

조리방법

1. 홍매실 발효액의 건더기는 씨앗과 과육을 분리한다.
2. 소독된 용기에 홍매실 건더기를 넣고 물을 자작하게 부어 준 후 이스트를 넣어 준다.
3. 종초를 술의 양의 30%로 넣어 준 후 재료를 잘 섞고 입구를 한지로 덮어 발효를 시킨다.
4. 3개월 정도가 지나면 알코올 발효를 거쳐 초산 발효까지 이루어진다.

06 겨우살이 식초

주재료 및 부재료

재료 겨우살이 발효액 건더기 2kg, 겨우살이 발효액 1.5L, 누룩 200g, 물 0.4L

조리방법

1. 겨우살이 발효액의 건더기는 소독된 용기에 담고 겨우살이 발효액을 부어 준 후 건더기가 자작해질 정도로 물을 채운다.
2. 하루가 지난 후 한번 저어 위아래를 혼합하고 비닐로 입구를 밀봉한 뒤 뚜껑을 덮어 준다.
3. 2일 후부터 하얀 거품이 부글대면서 알코올 발효가 진행되는데, 이 때에도 한 번씩 위 아래로 저어 주면서 5개월 동안 알코올 발효를 시킨다.
4. 술을 거른 후 종초를 술의 30% 양으로 넣고 입구를 한지나 천으로 덮어 초산 발효를 10개월 정도 시킨다.

07 캠벨포도식초

주재료 및 부재료

재료 포도 2kg, 설탕 200g, 누룩 70g, 이스트 0.7g

조리방법

1. 포도는 알맹이를 뗀 후 깨끗이 씻어 한 알 한 알 껍질과 과육을 분리해 소독된 용기에 누룩, 이스트 와 함께 넣어 준다.
2. 입구를 비닐로 덮어 밀봉한 후 바늘구멍을 내어 이산화탄소가 빠질 수 있도록 한다.
3. 알코올 발효가 일어난 지 2일 정도 지나면 위 아래로 한번씩 저어준 후 다시 밀봉하여 바늘구멍을 낸다.
4. 한 달이 지난 후 술을 거르고, 술의 30%가 되는 양의 종초를 함께 담아 초산 발효를 시킨다.
5. 입구를 한지나 천으로 덮어 4개월 정도 초산 발효를 시킨다.

08 번행초식초

주재료 및 부재료

재료 번행초 효소 발효액 1L, 생수 3L, 막걸리1병

조리방법

1. 소독한 별도의 식초발효 병에 막걸리 1병을 붓는다.
2. 1.에 번행초 효소발효액 1L 와 생수 3L 를 붓고 골고루 섞는다.
3. 2.의 주둥이를 모시 천으로 덮고 고무줄로 묶는다.
4. 3.을 여름에는 3개월, 나머지 계절은 6개월 이상 발효시킨다.
5. 4.를 모시 천으로 걸러낸 다음 1년이상 숙성시킨다.

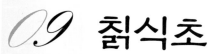

09 칡식초

주재료 및 부재료

재료 칡 건더기 2kg, 이스트 3g, 물 3L

조리방법

1. 용기에 칡을 넣고 칡이 자작하게 잠길 정도로 물을 넣어 준다. 이 때, 알코올 발효 과정에서 가스가 많이 생성되므로 용기의 60%만 채운다.
2. 발효액을 걸러내고 남은 칡 건더기를 용기에 넣는다. 여기에 활성화시킨 이스트와 물을 넣어 준다.
3. 입구를 비닐로 밀봉한 후 다음 날 위 아래로 잘 저어 발효시킨다.
4. 1달 후 술을 걸러 술의 양의 30%가 되는 종초를 넣은 후 한지나 천으로 입구를 덮는다.

10 백년초식초

주재료 및 부재료

재료 백년초 발효액 0.4L, 누룩 10g, 물 0.3L

조리방법

1. 소독한 용기에 백년초 발효액과 물을 넣어 당도가 24Brix가 되도록 하고 활성화된 누룩을 넣는다.
2. 입구를 밀봉한 후 한 달 정도 알코올 발효시킨다.
3. 술을 걸러 술의 양이 30%에 해당하는 종초를 넣은 후 입구를 한지나 천으로 덮고 1달 정도 초산 발효시킨다.

11 부처손식초

주재료 및 부재료

재료 말린 부처손 500g, 찹쌀 1kg, 현미 2kg, 누룩 0.6kg, 물 7L, 대추 150g

조리방법

1. 말린 부처손을 물에 넣어 팔팔 끓으면 불을 줄여 은근한 불에서 4시간 정도 달여준다.
2. 찹쌀은 미리 불려두고 물기를 빼 고두밥을 찐 후 누룩을 넣는다.
3. 2.를 잘 섞은 후 부처손을 달인 물을 부어 30분 정도 호화시킨다.
4. 용기에 담고 비닐로 밀봉하여 알코올 발효한다.
5. 3일 후에 현미를 이용하여 2.와 3. 과정을 반복하여 덧술을 만든다.
6. 만들어진 덧술을 부어 고루 혼합하고 알코올 발효한다.
7. 30일 후에 술을 거르고 술의 양의 30%에 해당하는 종초를 넣어 초산발효한다.

12 죽순주식초

재료 죽순주(30도, 0.4L), 끓여 식힌 물 0.4L

조리방법

1. 잘 소독한 용기에 죽순주와 끓여 식힌 물이 같은 양이 되도록 붓는다.
2. 혼합한 양의 30% 정도 되는 종초를 붓고 천이나 한지로 덮는다.
3. 술의 도수가 낮아진 후 초산 발효가 시작되고, 4개월 정도 초산발효한다.

13 예덕나무식초

주재료 및 부재료

재료 번행초와 예덕나무 발효액 0.4L, 물 0.25L, 이스트 0.2g

조리방법

1. 번행초와 예덕나무 발효액을 물과 함께 혼합한다.
2. 1.에 이스트를 넣은 후 입구를 비닐로 밀봉하고 바늘로 구멍을 내어 가스를 뺀다.
3. 실온에서 한 달 정도 발효시킨 후 술을 걸러 술과 함께 술의 양의 30%에 해당하는 종초를 넣고 천이나 한지로 덮어 2달 동안 초산 발효시킨다.

14 복분자식초

재료 복분자 발효액 0.4L, 물 0.4L, 이스트 0.4g, 생막걸리 1병

조리방법

1. 소독된 용기에 복분자 발효액과 물, 생막걸리를 넣는다.
2. 1.에 활성화된 이스트를 넣은 후 입구를 밀봉하고 바늘로 구멍을 내어 가스를 뺀다.
3. 한 달 뒤에 술을 넣은 후 술의 양의 30%가 되는 종초를 넣어 초산 발효시킨다.

15 매실식초

주재료 및 부재료

재료 매실 발효액 1L, 이스트 1.5g, 물 1.5L

조리방법

1. 소독된 용기에 매실 발효액과 물을 넣어 준다.
2. 1.에 활성화시킨 이스트를 넣은 후 입구를 밀봉해 바늘로 구멍을 내어 가스를 뺀다.
3. 한 달 뒤에 술을 넣은 후 술의 양의 30%가 되는 종초를 넣어 2개월 동안 초산 발효시킨다.

16 까마중열매식초

재료 까마중 열매 건더기 2kg, 지게미 적당량, 누룩 600g, 물 4L

조리방법

1. 소독된 용기에 까마중 열매 건더기를 넣고 쌀이나 현미로 담은 술의 지게미를 함께 담는다.
2. 비닐로 밀봉한 뒤 바늘구멍을 내고 알코올 발효시킨다.
3. 20일 정도 지나면 술을 거르고 다시 20일 정도 숙성을 시키면서 앙금을 가라앉힌다.
4. 맑은 윗술만 건져내어 술 양의 30%에 해당하는 종초를 넣고 초산 발효시킨다.

17 탱자식초

주재료 및 부재료

재료 탱자 발효액 건더기 1.5L, 물 1.5L, 누룩 15g

조리방법

1. 탱자 발효액 건더기에 같은 양의 물을 넣는다.
2. 누룩과 함께 전체 양의 30%에 해당하는 종초를 함께 넣는다.
3. 한지로 위를 덮고 알코올발효를 시킨다.
4. 30일 정도 지나면 술을 거르고 초막이 생기지 않도록 1~2회 저어가며 초산 발효한다.

18 와송식초

주재료 및 부재료

재료 와송 5kg, 찹쌀 2.5kg, 누룩 0.5kg, 물 2.5L

조리방법

1. 찹쌀로 고두밥을 지은 후 물을 넣고 30분 동안 호화시킨다.
2. 와송을 갈아내고 잘 호화된 고두밥에 와송을 넣어 골고루 섞는다.
3. 2.를 소독이 된 용기에 담고 뚜껑을 덮어 알코올 발효시킨다.
4. 30일 후 술을 걸러내고 1개월 정도 숙성시킨 후 술의 30%에 해당하는 종초를 넣어 초산 발효시킨다.

19 배식초

재료 배 2.5kg, 설탕 250g, 이스트 2.5g

조리방법

1. 배는 잘 씻어서 껍질째 갈아 주스를 만든다.
2. 소독한 용기에 담고 활성화된 이스트를 넣어 알코올 발효시킨다.
3. 20일 후 술을 거르고 술 양의 30%에 해당하는 종초를 넣어 초산 발효시킨다.

20 함초식초

주재료 및 부재료

재료 함초 발효액 건더기 5kg, 함초 발효액 0.8L, 물 4L, 누룩 400g

조리방법

1. 소독이 된 용기에 함초 발효액 건더기와 발효액을 부어 준다.
2. 물을 붓고, 누룩을 활성화시켜 함께 넣어 준다.
3. 뚜껑은 비닐로 덮어 밀봉하고 바늘로 구멍을 내준 후 알코올 발효시킨다.
4. 알코올 발효가 완료되면 술 양의 30%가 되는 종초를 넣어 3~5개월 동안 초산 발효시킨다.

21 울금식초

주재료 및 부재료

재료 울금 5kg, 물 5L, 설탕 1kg, 이스트 2.5g, 누룩 400g

조리방법

1. 울금을 깨끗이 씻어 물기를 빼고 갈아준다.
2. 소독한 용기에 담고 설탕과 물을 넣어 잘 섞어준다.
3. 누룩과 이스트를 활성화시켜 붓고 용기의 입구를 비닐로 밀봉한 후 구멍을 내어 알코올 발효시킨다.
4. 4개월 정도 발효시킨 후 윗술을 걸러 술 양의 30%에 해당하는 종초를 넣고 5개월 동안 초산 발효하여 이용한다.

22 작두콩식초

주재료 및 부재료

재료 작두콩 발효액 건더기 5kg, 작두콩 발효액 0.5L, 생막걸리 0.6L, 누룩 150g, 물 3L

조리방법

1. 작두콩 발효액 건더기를 소독한 용기에 담고, 생막걸리, 물을 차례로 부어준다.
2. 누룩을 넣고 뚜껑을 닫아 30일 가량 알코올 발효시킨다.
3. 술 양의 30%가 되는 종초를 넣고 초산 발효를 6개월 동안 하여 이용한다.

23 개복숭아식초

주재료 및 부재료

재료 개복숭아 효소 발효액 1L, 막걸리 1병, 생수 3L

조리방법

1. 소독한 별도의 식초발효 병에 막걸리 1병을 붓는다.
2. 1.에 개복숭아 효소발효액 1L 와 생수3L 를 붓고 골고루 섞는다.
3. 2.의 주둥이를 모시 천으로 덮고 고무줄로 묶는다.
4. 3.을 여름에는 3개월, 나머지 계절은 6개월 이상 발효시키면 식초가 된다.
5. 4.를 모시 천으로 걸러낸 다음 1년 이상 숙성시키면 천연식초가 된다.

24 오미자식초

주재료 및 부재료

재료 오미자 발효액 건더기 3kg, 물 2L, 누룩 200g, 오미자 발효액 0.5L

조리방법

1. 오미자 발효액 건더기를 용기에 담고, 누룩을 활성화시킨 후 물과 함께 부어준다.
2. 비닐로 밀봉하고 알코올 발효시킨다.
3. 20일 정도 발효 후 술 양의 30%에 해당하는 종초를 부어 2개월 동안 초산 발효하여 이용한다.

25 밀감식초

주재료 및 부재료

재료 밀감 12kg, 누룩 400g, 설탕 1.2kg

조리방법

1. 밀감은 껍질과 과육을 분리시켜 용기에 넣고, 설탕을 켜켜이 뿌린다.
2. 누룩을 넣고 용기를 밀봉한 후 바늘구멍을 내어 알코올 발효시킨다.
3. 한 달 가량 알코올 발효시킨 후 맑은 윗술을 걸러 술 양의 30%에 해당하는 종초를 넣고 3개월 동안 초산 발효시킨 후 이용한다.

26 파인애플식초

주재료 및 부재료

재료 파인애플 3kg, 찹쌀 2.5kg, 누룩 400g, 물 2.5L

조리방법

1. 파인애플은 껍질을 벗겨내고 과육을 잘게 다진다.
2. 찹쌀은 불려 물기를 빼고 누룩을 넣어 혼합하여 30분 동안 호화시킨다.
3. 2.에 파인애플과 물을 넣고 잘 혼합한다.
4. 3.을 용기에 담고 비닐로 덮어 바늘구멍을 낸다.
5. 1개월 동안 알코올 발효시킨 후 술 양의 30%에 해당하는 종초를 넣고 초산 발효시킨다.

27 참다래식초

주재료 및 부재료

재료 참다래 2kg, 물 0.3L, 설탕 400g, 이스트 300g

조리방법

1. 참다래는 껍질을 깨끗이 문질러 씻고 잘게 잘라 용기에 담는다.
2. 이스트를 넣고 뚜껑을 닫아 알코올 발효시킨다.
3. 1개월 동안 알코올 발효시킨 후 술 양의 30%에 해당하는 종초를 넣고 초산 발효시킨다.

28 천마식초

주재료 및 부재료

재료 천마 1kg, 현미 2kg, 누룩 400g, 물 4L

조리방법

1. 깨끗이 씻어 물기를 뺀 천마를 잘게 자른다.
2. 현미는 잘 불려 물기를 빼고 고두밥을 만들고 누룩을 넣어 혼합하여 40분 동안 호화시킨다.
3. 2.에 천마를 넣어 혼합하고 잘 섞인 천마와 고두밥을 소독한 용기에 넣는다.
4. 30일 동안 알코올발효를 시킨 후 술 양의 30%에 해당하는 종초를 넣고 초산 발효시킨다.

29 상황버섯식초

주재료 및 부재료

재료 상황버섯 큰 것 1개, 현미 3kg, 누룩 600g, 물 6L

조리방법

1. 상황버섯은 중탕기나 약탕기 등을 이용하여 3일 동안 달인 후, 액을 걸러내고 다시 한 번 2일 동안 달여낸다.
2. 하루 동안 현미를 불려 물기를 빼고 난 후 고두밥을 지어 상황버섯 가루와 누룩을 넣고 잘 섞는다.
3. 2.를 40분 동안 잘 호화시키고 용기에 담아 알코올 발효시킨다.
4. 30일 동안 알코올 발효를 시킨 후 술 양의 30%에 해당하는 종초를 넣고 초산 발효한다.

30 꽃사과식초

주재료 및 부재료

재료 꽃사과 5kg, 물 1L, 설탕 1.3kg, 이스트 5g

조리방법

1. 꽃사과는 깨끗이 씻어 물기를 빼고 통에 담는다.
2. 1.에 설탕, 물, 이스트를 활성화시켜 넣어준다.
3. 뚜껑은 천으로 덮은 뒤 3개월 동안 알코올 발효시킨다.
4. 맑은 웃술의 30%에 해당하는 종초를 넣고 6개월 동안 초산 발효시켜 이용한다.

31 고추식초

주재료 및 부재료

재료 고추 발효액 건더기 3kg, 지게미 1.5kg, 누룩 500g, 물 1.5L

조리방법

1. 고추 발효액 건더기와 지게미를 살균한 용기에 넣고 물과 누룩을 넣어 준다.
2. 20일 동안 알코올 발효를 시킨 후 맑은 웃술을 거른다.
3. 걸러낸 술을 용기에 담고 술 양의 30%에 해당하는 종초를 넣어 초산 발효시켜 이용한다.

32 둥굴레식초

주재료 및 부재료

재료 둥굴레 2.5kg, 물 3L, 설탕 700g, 누룩 300g

조리방법

1. 둥굴레는 깨끗이 씻어 물기를 빼고 잘게 자르거나 다진다.
2. 그 위에 누룩을 뿌리고 살균한 용기에 담아 비닐로 밀봉하고 바늘로 구멍을 낸다.
3. 1개월 동안 알코올 발효시키고 술을 거른다.
4. 술 양의 30%에 해당하는 종초를 넣고 3개월 동안 초산 발효한다.

33 수세미식초

주재료 및 부재료

재료 수세미 5kg, 설탕 3kg, 막걸리 1L, 누룩 250g

조리방법

1. 수세미는 잘 씻어서 잘게 잘라준 후 살균된 용기에 담고 설탕을 넣은 후 잘 섞는다.
2. 막걸리를 붓고 활성화된 누룩을 넣는다.
3. 1개월 동안 알코올 발효를 하고 술 양의 10%에 해당하는 종초를 넣어 6개월간 초산발효하여 이용한다.

34 달맞이꽃식초

주재료 및 부재료

재료 달맞이꽃 5kg, 설탕 1.5kg, 누룩 500g

조리방법

1. 달맞이꽃은 설탕과 물을 넣어 숨을 죽이고 부피를 줄인 후에 살균된 용기에 넣는다.
2. 1.에 누룩을 활성화시켜 부어준 후 잘 섞는다.
3. 1개월 동안 알코올발효 시킨 후 술을 걸러 거른 술의 10%에 해당하는 종초를 넣어 초산발효시켜 이용한다.

35 산사열매식초

주재료 및 부재료

재료 산사열매 발효액 건더기 5kg, 물 2.5L, 누룩 500g

조리방법

1. 소독이 된 용기에 산사열매 발효액 건더기와 발효액을 부어 준다.
2. 물을 붓고, 누룩을 활성화시켜 함께 넣어 준다.
3. 뚜껑은 비닐로 덮어 밀봉하고 바늘로 구멍을 내준 후 알코올 발효시킨다.
4. 알코올 발효가 완료되면 술 양의 30%가 되는 종초를 넣어 3~5개월 동안 초산 발효시킨다.

36 오디식초

주재료 및 부재료

재료 오디 5kg, 물 3.5L, 설탕 2kg, 이스트 5g

조리방법

1. 오디를 용기에 담고 물과 설탕을 넣은 뒤 이스트를 활성화시켜 부어준다.
2. 용기를 밀봉하고 바늘로 구멍을 내어 준 후 1개월 동안 알코올 발효한다.
3. 웃술을 걸러 술 양의 30%에 해당하는 종초를 넣고 4개월 동안 초산 발효하여 이용한다.

37 쇠비름식초

주재료 및 부재료

재료 쇠비름 5kg, 물 0.5L, 설탕 1.5kg, 누룩 500g

조리방법

1. 쇠비름에 설탕과 물을 넣고 잘 혼합하여 하루 정도 숨을 죽인다.
2. 1.을 용기에 넣고 누룩을 활성화시켜 부어 준다.
3. 1개월 동안 알코올 발효한 후 술을 거른다.
4. 거른 술 양의 30%에 해당하는 종초를 넣고 2개월 동안 초산 발효하여 이용한다.

38 늙은호박식초

주재료 및 부재료

재료 늙은 호박 5kg, 물 1L, 설탕 1.3kg, 이스트 5g

조리방법

1. 늙은 호박은 깨끗이 씻어 꼭지를 제거하고 잘게 잘라 설탕과 함께 살균된 용기에 담는다.
2. 물을 부어 설탕을 녹여준 후 이스트를 뿌린다.
3. 비닐로 밀봉하고 바늘로 구멍을 내어 알코올발효를 1개월 동안 시킨다.
4. 술을 걸러 술 양의 30%에 해당하는 종초를 넣고 3개월 동안 초산 발효하여 이용한다.

39 개다래열매식초

주재료 및 부재료

재료 개다래열매 5kg, 설탕 1.3kg, 누룩 250g

조리방법

1. 개다래열매는 깨끗이 씻어 통에 담고 설탕을 부처 액을 우러나오게 한다.
2. 1.에 누룩을 넣고 비닐로 덮어 30일 동안 알코올 발효한다.
3. 술을 걸러 거른 술의 30%에 해당하는 양의 종초를 넣고 한지로 덮어 4개월 동안 초산 발효하여 이용한다.

40 초석잠식초

주재료 및 부재료

재료 초석잠 2.5kg, 찹쌀 2.5kg, 누룩 500g, 물 2.5L

조리방법

1. 초석잠은 잘게 잘라 준비한다.
2. 찹쌀은 미리 불려 물기를 빼고 고두밥을 만든 후 30분 동안 호화시킨다.
3. 2.에 초석잠을 넣고 고루 섞은 후 살균한 용기에 넣고 비닐로 밀봉하여 바늘구멍을 내고 알코올발
   효시킨다.
4. 50일 정도 알코올 발효시킨 후 웃술을 걸러 술 양의 30%에 해당하는 종초를 넣고 1년 이상 초산발
   효하여 이용한다.

41 꾸지뽕식초

주재료 및 부재료

재료 꾸지뽕 전 부위 달임액 5L, 현미 2.5kg, 누룩 600g

조리방법

1. 꾸지뽕은 모든 부위를 이용하며 특히 뿌리 부위는 꼭 넣어 오랜 시간 달여 추출액을 뽑아낸다.
2. 현미는 미리 불려 두었다가 물기를 빼고 고두밥을 만들고 꾸지뽕 추출액을 넣어 40분 동안 호화시킨다.
3. 2.를 비닐로 밀봉하고 바늘구멍을 낸 후 알코올 발효를 1개월 동안 시킨다.
4. 윗술을 걸러 술 양의 30%에 해당하는 종초를 넣고 3개월 정도 초산 발효하여 이용한다.

42 발효초대하탕

주재료 및 부재료

재료 대하 10마리, 무 1개, 호박 1개, 양파 1개, 청/홍고추 1개씩, 대파 30g, 마늘 5쪽, 육수
양념 발효초 15g, 고춧가루 15g, 고추장 30g, 국간장 15g

조리방법

1. 무는 깨끗이 손질한 후 나박썰기를 한다.
2. 호박은 깨끗이 손질한 후 반달썰기를 한다.
3. 양파는 채를 쳐서 준비한다.
4. 고추와 대파는 송송 썰고 마늘은 다진다.
5. 냄비에 물을 올린 후 무를 넣고 끓여 준다.
6. 물이 끓어오르면 육수 양념과 나머지 채소를 모두 넣고 끓인다.
7. 채소가 모두 익으면 대하를 넣어 준다.

43 토마토레몬식초카프레제

 주재료 및 부재료

재료 토마토 2개, 모짜렐라 치즈 1개, 레몬식초 15g, 올리브오일 30g, 소금 1g, 후춧가루 1g,
레몬 1/2개, 바질 10장

조리방법

1. 토마토와 모짜렐라 치즈를 7mm 두께로 둥글게 썰어준다.
2. 레몬은 껍질을 깨끗이 씻은 후 부채꼴 모양으로 썰어준다.
3. 접시에 토마토와 모짜렐라 치즈를 1개씩 켜켜이 담는다.
4. 레몬식초, 올리브오일, 소금, 후춧가루를 잘 섞어 3.에 뿌린다.
5. 바질과 레몬으로 고명을 얹어 준다.

44 회비빔국수

주재료 및 부재료

재료 참치 1/2토막, 국수 400g, 오이 1/2개, 상추 50g, 깻잎 10장, 적양배추 30g, 무순 1/3팩,
　　　 검은깨 2g, 소금 2g
비빔장재료 고추장 30g, 사과식초 30g, 설탕 30g, 맛술 15g, 레몬즙 15g, 다진 파 5g, 다진
　　　　　 마늘 10g, 생강즙 2g

조리방법

1. 참치는 작은 주사위 모양으로 썬다.
2. 오이와 상추, 깻잎, 적양배추는 깨끗이 손질한 후 곱게 채 썬다.
3. 끓는 물에 소금을 약간 넣어 국수를 삶아 준 후 찬물로 헹구어 물기를 뺀다.
4. 그릇에 국수를 담고 준비한 채소와 참치를 얹은 후 검은깨를 뿌린다.
5. 비빔장 재료를 한 데 섞어 4.에 곁들인다.

오이미역냉국

주재료 및 부재료

재료 오이 1/2개, 불린 미역 100g, 소금 2g
냉국물재료 식초 30g, 설탕 15g, 국간장 5g, 소금 10g, 물 0.6L, 깨소금 2g

조리방법

1. 오이는 껍질째 씻어 곱게 채 썬다.
2. 불린 미역은 끓는 물에 소금을 약간 넣어 살짝 데친 후 찬물로 헹구어 물기를 꼭 짠다.
3. 냉국물 재료를 한 데 섞어 준 후 냉장고에 넣어 차갑게 식힌다.
4. 준비된 그릇에 채 썬 오이와 미역을 담고 3.을 넣어 준다.

46 게맛살오이초밥

주재료 및 부재료

재료 밥 600g, 오이 2개, 맛살 5개, 날치알 20g, 마요네즈 45g, 고추냉이 2g, 소금 2g, 후춧
　　　가루 2g
배합초재료 식초 45g, 설탕 30g, 소금 15g, 레몬즙 5g

조리방법

1. 밥은 뜨거울 때 배합초를 넣고 부채질을 해 가며 고루 섞어 준다.
2. 오이는 필러로 길고 얇게 슬라이스한다.
3. 맛살은 손으로 가늘게 찢어 마요네즈, 소금, 후춧가루를 넣어 섞는다.
4. 접시에 밥 한 숟가락을 떠서 둥글게 모양을 낸 후 고추냉이를 올리고 얇게 슬라이스한 오이로 밥을
　　돌돌 말아 맛살과 날치알을 올린다.

Chapter 7

발효청(효소)

1. 발효청(효소)이란?

발효청은 발효액, 발효효소액이라고도 하며, 다양한 산야초(山野草)를 미생물에 의해 발효하여 만든다. 보통 꽃, 새순, 잎, 줄기, 열매, 뿌리 등을 이용하며 30일 내외로 발효하여 걸러서 이용하는 경우가 많다. 각종 산야초마다 다양한 특징이 있고, 계절에 따라 다양한 재료를 이용하여 만들 수 있다.

발효청은 누구나 쉽게 만들 수 있고 간편하며, 보관과 이용 측면에서도 편의성이 높다. 또한 주변에서 쉽게 구할 수 있는 재료를 이용하여 만들 수 있으며, 고유의 향미를 가지고 있어 차나 음료 대용으로도 섭취가 가능하다.

 # 2. 발효청(효소)의 역사

발효청에 대한 기록은 삼국시대 신라의 화랑들이 산야초를 담가 즐겨 먹었던 데서 유래하며, 승려나 수도자들이 위에 부담을 주지 않으면서 머리를 맑게 하기 위해 먹었던 것으로 전해지고 있다.

 # 3. 발효청(효소)의 효능

발효청은 그 많은 종류만큼이나 원재료에 따른 효능이 상이하다. 쉽게 접할 수 있는 매실청의 경우 살균 작용, 간·신장 기능 활성화 등의 효능이 있으며 숙취 해소와 피로 회복의 효과가 있다. 그 밖에도 오미자청은 기침이나 천식에 효과가 있고, 마늘청은 혈압 강하와 콜레스테롤 감소 효과가 있다.

발효청(효소) 제조 Recipe

(1) 발효청 담그는 법

채취하기

발효청을 담그기 위한 재료로 열매, 뿌리, 줄기와 잎 등 찻길에서 1km 이상 떨어진 산이나 청정지역에서 재료를 채취한다.

손질하기

① 채취한 재료를 넓게 펼쳐 좋고 시든 잎이나 상처가 난 재료는 골라낸 후 잘 다듬는다.
② 먼지와 흙을 물로 잘 씻어낸 후 물기를 제거하고 그늘에서 잘 말려준다.

자르거나 갈기

연한 새순은 그대로 사용하고, 부드럽고 수분이 많은 재료는 크게 잘라 준비한다. 수분이 적고 뿌리가 단단한 재료는 잘게 자르며, 건조된 재료는 갈아서 준비한다.

담그기

① 물기를 제거한 재료에 설탕, 조청, 꿀, 올리고당, 소금, 소주 등을 넣고 섞는다. 이때 여름에는 재료가 뭉개질 수 있으니 많이 젓지 않고, 겨울에는 충분히 저어준다.
② 발효된 재료는 색에 따라 조청, 꿀, 올리고당, 흑설탕, 백설탕, 황설탕 등 선택하여 넣는다.
③ 여름에는 과일의 수분이 많으므로 당분을 많이 넣고, 겨울엔 적게 넣는다.
④ 버무린 재료는 차곡차곡 쌓아 눌러준 후 마지막에 설탕을 뿌리고 큰 돌멩이를 올려놓는다.
⑤ 발효시킬 때는 입구를 한지로 덮은 후 뚜껑을 닫고 2~3일에 한 번씩 저어주다가 15일에 한 번씩 가스를 날리고 발효시킨다.
⑥ 당분과 소금의 양은 재료 무게:설탕:조청:소금 = 1 : 0.5 : 0.2 : 0.03으로 한다.

(2) 발효 공식

① 설탕량과 수분함량의 조건표

수분함량	재료량	설탕량
90~95%	1	1.2
85~90%	1	1.1

수분함량	재료량	설탕량
80~85%	1	1
75~80%	1	0.5
70~75%	1	0.8
65~70%	1	0.7
60~65%	1	0.6
55~60%	–	–
50~55%	–	–
50%	–	–

② 발효기간과 온도

• 단단한 뿌리, 열매, 가지 등
• 연한 열매, 꽃, 잎, 줄기 등

온도	기간	구분
20℃	100일	A
20℃	100일	B
25℃	100일	A
25℃	60일	B
30℃	30일	A
30℃	15일	B

③ 설탕 발효시간

온도	발효 시간
37.2℃	4시간 발효
36.2℃	8시간 발효
35℃	16시간 발효
34.2℃	32시간 발효
33℃	64시간 발효
32℃	108시간 발효
31℃	356시간 발효
30℃	512시간 발효

 5. 발효청(효소) 응용 Recipe

01 수세미청

재료 수세미 1kg, 설탕 500g, 조청 200g, 소금 30g

조리방법

1. 수세미는 잘게 자른 후 깨끗이 씻어 물기를 제거하고 재료를 한 데 넣고 잘 섞어준다.
2. 소독된 용기에 물기를 제거하고 잘 섞어준 재료를 차곡차곡 넣어 눌러준 후 설탕을 뿌리고 입구를 밀봉한다.
3. 2~3일에 한 번씩 저어가며 60~90일 정도 발효시킨다.

02 마늘청

주재료 및 부재료

재료 마늘 1kg, 설탕 500g, 조청 200g, 소금 30g

조리방법

1. 마늘은 껍질과 꼭지를 제거하고 깨끗이 씻은 후 물기를 제거하고 재료를 한 데 넣고 잘 섞어준다.
2. 소독된 용기에 물기를 제거하고 잘 섞어준 재료를 차곡차곡 넣어 눌러준 후 설탕을 뿌리고 입구를 밀봉한다.
3. 2~3일에 한 번씩 저어가며 60~90일 정도 발효시킨다.

03 양파청

주재료 및 부재료

재료 양파 1kg, 설탕 500g, 조청 200g, 소금 30g

조리방법

1. 양파는 껍질을 제거한 후 잘게 잘라 준비한다.
2. 재료를 깨끗이 씻은 후 물기를 제거하고 재료를 한 데 넣고 잘 섞어준다.
3. 소독된 용기에 물기를 제거하고 잘 섞어준 재료를 차곡차곡 넣어 눌러준 후 설탕을 뿌리고 입구를 밀봉한다.
4. 2~3일에 한 번씩 저어가며 60~90일 정도 발효시킨다.

04 셀러리청

주재료 및 부재료

재료 셀러리 1kg, 설탕 500g, 조청 200g, 소금 30g

조리방법

1. 셀러리는 깨끗이 손질한 후 물기를 제거한다.
2. 셀러리를 잘게 자른 후 모든 재료를 한 데 넣고 잘 섞어준다.
3. 소독된 용기에 물기를 제거하고 잘 섞어준 재료를 차곡차곡 넣어 눌러준 후 설탕을 뿌리고 입구를 밀봉한다.
4. 2~3일에 한 번씩 저어가며 30일 정도 발효시킨다.

05 매실청

주재료 및 부재료

재료 매실 1kg, 설탕 500g, 조청 200g, 소금 30g

조리방법

1. 매실은 깨끗이 씻어 씨와 물기를 제거한 후 반으로 잘라 준비한다.
2. 재료를 한 데 넣고 잘 섞어준다.
3. 소독된 용기에 물기를 제거하고 잘 섞어준 재료를 차곡차곡 넣어 눌러준 후 설탕을 뿌리고 입구를 밀봉한다.
4. 2~3일에 한 번씩 저어가며 60~90일 정도 발효시킨다.

06 복분자청

주재료 및 부재료

재료 복분자 1kg, 설탕 500g, 조청 200g, 소금 30g

조리방법

1. 복분자는 깨끗하게 손질한 후 재료를 한 데 넣고 잘 섞어준다.
2. 소독된 용기에 물기를 제거하고 잘 섞어준 재료를 차곡차곡 넣어 눌러준 후 설탕을 뿌리고 입구를 밀봉한다.
3. 2~3일에 한 번씩 저어가며 60~90일 정도 발효시킨다.

07 오미자청

재료 오미자 1kg, 설탕 500g, 조청 200g, 소금 30g

조리방법

1. 오미자는 깨끗하게 손질하고, 재료를 한 데 넣고 잘 섞어 준다.
2. 소독된 용기에 물기를 제거하고 잘 섞어준 재료를 차곡차곡 넣어 눌러준 후 설탕을 뿌리고 입구를 밀봉한다.
3. 2~3일에 한 번씩 저어가며 60~90일 정도 발효시킨다.

08 오디청

주재료 및 부재료

재료 오디 1kg, 설탕 500g, 조청 200g, 소금 30g

조리방법

1. 오디를 깨끗하게 손질한 후 재료를 한 데 넣고 잘 섞어준다.
2. 소독된 용기에 물기를 제거하고 잘 섞어준 재료를 차곡차곡 넣어 눌러준 후 설탕을 뿌리고 입구를 밀봉한다.
3. 2~3일에 한 번씩 저어가며 60~90일 정도 발효시킨다.

09 키위청

주재료 및 부재료

재료 키위 1kg, 설탕 500g, 조청 200g

조리방법

1. 키위의 껍질을 모두 제거한 후 원당과 6:4 비율로 섞어 1시간 동안 방치한다.
2. 1.을 항아리에 담은 후 입구를 밀봉하여 5일 후부터 5일에 한 번씩 뒤집는다.
3. 30일 전후로 걸러 이용한다.

10 어성초효소

주재료 및 부재료

재료 어성초 1kg, 설탕 500g, 조청 200g, 소금 30g

조리방법

1. 어성초는 줄기만 베지 않고 뿌리까지 완전히 채취하여 솔로 문질러 깨끗이 씻어준다.
2. 세척한 어성초는 20분 간 소쿠리에서 물기를 뺀다.
3. 어성초를 6cm 정도 크기로 자른다.
4. 원당과 어성초를 4:6 비율로 혼합하여 1시간 정도 재운다.
5. 삼투압 작용이 일어나기 시작하면 항아리에 담는다. 이 때 뿌리, 잎, 줄기 순으로 담아 준다.
6. 항아리 입구를 비닐로 밀봉하여 5일이 지나면 위 아래로 뒤집어 준다.
7. 한 달 정도 발효시켜 이용한다.

11 들깻잎효소

주재료 및 부재료

재료 들깻잎 1kg, 설탕 500g, 조청 200g, 소금 30g

조리방법

1. 들깻잎은 깨끗이 씻은 후 한 시간 정도 소쿠리에 담아 물기를 뺀다.
2. 들깻잎을 6cm 크기로 자른다.
3. 원당과 들깻잎을 버무려 30분 동안 방치한다.
4. 항아리에 3.을 넣고 비닐로 밀봉한 후 3일 후부터 뒤집어 준다.
5. 20일 전후로 걸러 이용한다.

12 감잎효소

주재료 및 부재료

재료 감잎 1kg, 설탕 500g, 조청 200g, 소금 30g

조리방법

1. 감잎을 깨끗이 씻어 소쿠리에 담아 물기를 뺀다.
2. 감잎을 5cm 크기로 잘라 준다.
3. 자른 감잎에 원당을 넣어 혼합한다.
4. 항아리에 3.을 담고 그 위에 살짝 원당을 뿌려 준다.
5. 입구는 비닐로 밀봉한 후 30일 후에 걸러 이용한다.

13 마효소

주재료 및 부재료

재료 마 1kg, 설탕 500g, 조청 200g, 소금 30g

조리방법

1. 마는 솔을 이용해 박박 문질러 여러 번 씻어 깨끗이 손질한다.
2. 깨끗이 손질한 마는 소쿠리에 담아 물기를 뺀다.
3. 마를 얇게 썰어 준다.
4. 원당과 마를 4:6 비율로 혼합한 후 3시간 동안 그늘에 둔다.
5. 항아리에 4.를 넣고 입구를 밀봉하여 3일 후에 뒤집어 주고 한 달 정도 지나면 걸러서 이용한다.

14 구절초효소

주재료 및 부재료

재료 구절초 1kg, 설탕 500g, 조청 200g, 소금 30g

조리방법

1. 구절초는 뿌리까지 뽑지 말고 줄기와 잎, 꽃만 채취한다.
2. 세척한 구절초를 소쿠리에 담아 물기를 뺀다.
3. 구절초를 6cm 크기로 자른다.
4. 원당과 구절초를 4:6 비율로 혼합한 후 1시간 동안 그늘에 둔다.
5. 바닥에 물이 고이기 시작하면 항아리에 꾹꾹 눌러 담은 후 입구를 밀봉한다.
6. 5일 후에 뒤집어 주고 50일 전후에 걸러 이용한다.

15 소루쟁이효소

주재료 및 부재료

재료 소루쟁이 1kg, 설탕 500g, 조청 200g, 소금 30g

조리방법

1. 소루쟁이를 솔을 이용하여 깨끗이 씻어 물기를 제거한다.
2. 소루쟁이를 얇게 잘라 원당과 버무려 반나절 동안 방치한다.
3. 원당이 녹아 삼투압 작용에 의해 액이 나오기 시작하면 항아리에 담는다.
4. 입구를 밀봉한 후 5일 후부터 뒤집어 주고 40일 전후로 걸러 이용한다.

16 번행초효소

주재료 및 부재료

재료 번행초 1kg, 설탕 500g, 조청 200g, 소금 30g

조리방법

1. 번행초의 줄기와 잎이 부러지지 않도록 흐르는 물에 조심스럽게 씻는다.
2. 세척한 번행초는 물기를 제거한 후 6cm 크기로 자른다.
3. 원당과 번행초를 4:6 비율로 혼합한 후 한 시간 동안 활성화시킨다.
4. 항아리에 3.을 담은 후 입구를 밀봉하고 3일 후부터 매일 뒤집어 준다.
5. 20일 전후로 걸러 이용한다.

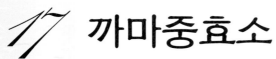

17 까마중효소

재료 까마중 1kg, 설탕 500g, 조청 200g, 소금 30g

조리방법

1. 까마중은 뿌리에 이물질이 남아있지 않도록 여러 번 씻어 준다.
2. 물기를 뺀 까마중은 5cm 크기로 자른다.
3. 원당과 버무린 까마중을 2시간 동안 방치한다.
4. 항아리에 3.을 담고 입구를 밀봉시킨 후 5일이 지나면 위 아래로 뒤집어 준다.
5. 30일 전후로 걸러 이용한다.

18 곰보배추효소

재료 곰보배추 1kg, 설탕 500g, 조청 200g, 소금 30g

조리방법

1. 곰보배추는 뿌리까지 채취한다.
2. 곰보배추는 벌레나 흙이 있을 수 있으므로 10회 이상 깨끗이 씻어준 후 물기를 제거한다.
3. 곰보배추와 원당을 고루 섞어 1시간 동안 방치한 후 항아리에 담는다.
4. 항아리의 입구를 밀봉한 3일 후부터 뒤집어 주고 4개월 후에 걸러 이용한다.

19 민들레효소

주재료 및 부재료

재료 민들레 1kg, 설탕 500g, 조청 200g, 소금 30g

조리방법

1. 민들레는 뿌리까지 채취하여 흐르는 물에 칫솔로 여러 번 씻어 물기를 제거한다.
2. 민들레를 잘게 자른다.
3. 원당과 민들레를 4:6 비율로 혼합한 후 항아리에 담고 입구를 밀봉한다.
4. 5일 후부터 뒤집어 주고 걸러 이용한다.

20 삼백초효소

주재료 및 부재료

재료 삼백초 1kg, 설탕 500g, 조청 200g, 소금 30g

조리방법

1. 삼백초는 흐르는 물에 깨끗이 씻은 후 물기를 제거한다.
2. 삼백초를 6cm 크기로 자른다.
3. 원당과 삼백초를 4:6 비율로 혼합하여 1시간 동안 재워 둔다.
4. 항아리에 3.을 넣은 후 입구를 밀봉하고 5일 후부터 뒤집어 준다.
5. 40일 전후로 걸러 사용한다.

21 질경이효소

주재료 및 부재료

재료 질경이 1kg, 설탕 500g, 조청 200g, 소금 30g

조리방법

1. 질경이를 깨끗한 물에 여러 번 세척한 후 물기를 빼서 6cm 크기로 자른다.
2. 원당과 질경이를 3:7 비율로 혼합하여 1시간 동안 방치한다.
3. 항아리에 2.를 넣고 위에 10% 정도의 원당을 뿌려 덮는다.
4. 항아리 입구를 비닐로 밀봉한 후 5일 후부터 뒤집어 주고 40일 전후로 걸러 이용한다.

22 명월초효소

주재료 및 부재료

재료 명월초 1kg, 설탕 500g, 조청 200g, 소금 30g

조리방법

1. 흐르는 물에 명월초를 깨끗이 씻은 후 물기를 뺀다.
2. 명월초를 6cm 크기로 자른 후 원당과 혼합하여 1시간 동안 방치한다.
3. 항아리에 2.를 담고 입구를 밀봉한다.
4. 4일 후부터 2일에 한 번씩 뒤집어 주며 20일 전후로 걸러 사용한다.

23 결명자효소

주재료 및 부재료

재료 결명자 1kg, 설탕 500g, 조청 200g, 소금 30g

조리방법

1. 결명자는 줄기만 채취하여 흐르는 물에 깨끗이 씻은 후 물기를 제거한다.
2. 결명자를 6cm 크기로 자른다.
3. 결명자를 원당과 버무린 후 2시간 동안 방치한다.
4. 항아리에 3.을 담은 후 입구를 밀봉한다.
5. 5일 후부터 뒤집으며 30일 전후로 걸러 이용한다.

24 개똥쑥효소

주재료 및 부재료

재료 개똥쑥 1kg, 설탕 500g, 조청 200g, 소금 30g

조리방법

1. 개똥쑥은 윗줄기와 잎만 채취하여 깨끗이 씻은 후 물기를 제거한다.
2. 개똥쑥을 6cm 크기로 자른다.
3. 개똥쑥과 원당을 7:3 비율로 혼합한다.
4. 3시간 동안 방치한 3.을 항아리에 담고 그 위에 10%의 원당을 뿌려 덮는다.
5. 입구를 밀봉한 후 30일 전후로 걸러 사용한다.

25 죽순효소

주재료 및 부재료

재료 죽순 1kg, 설탕 500g, 조청 200g, 소금 30g

조리방법

1. 죽순은 껍질을 모두 제거한 후 일정한 크기로 잘게 자른다.
2. 죽순을 깨끗이 씻은 후 물기를 뺀다.
3. 항아리에 죽순을 담고 그 위에 원당으로 덮는다.
4. 입구를 밀봉한 후 3일 후부터 뒤집어 주며 15일 전후로 걸러 사용한다.

26 백목련효소

주재료 및 부재료

재료 백목련 1kg, 설탕 500g, 조청 200g, 소금 30g

조리방법

1. 백목련의 꽃봉오리를 따서 꽃이 부서지지 않도록 흐르는 물에 흔들어 씻는다.
2. 백목련과 원당을 6:4 비율로 조심스럽게 혼합한다.
3. 입구를 밀봉한 후 2일 후부터 뒤집어 준다.

27 아까시나무꽃효소

주재료 및 부재료

재료 아까시나무 꽃 1kg, 설탕 500g, 조청 200g, 소금 30g

조리방법

1. 아까시나무꽃은 잎사귀를 제거하여 깨끗이 세척한 후 1시간 동안 물기를 뺀다.
2. 원당과 아까시나무꽃을 4:6 비율로 섞어 준다.
3. 항아리에 2.를 바로 넣고 그 위에 원당을 한 번 더 뿌려 준다.
4. 3일 후부터 재료를 뒤집어 주며 7일 전후로 걸러 사용한다.

28 환삼덩굴효소

주재료 및 부재료

재료 환삼덩굴 1kg, 설탕 500g, 조청 200g, 소금 30g

조리방법

1. 환삼덩굴을 깨끗이 씻어 물기를 제거한다. 이 때, 환삼덩굴은 반드시 고무장갑을 끼고 작업을 한다.
2. 환삼덩굴을 5cm 크기로 자른다.
3. 원당과 환삼덩굴을 4:6 비율로 혼합한다.
4. 항아리에 3.을 넣고 입구를 비닐로 밀봉한 후 5일 후부터 뒤집어 준다.
5. 30일 전후로 걸러 이용한다.

29 엉겅퀴효소

주재료 및 부재료

재료 엉겅퀴 1kg, 설탕 500g, 조청 200g, 소금 30g

조리방법

1. 엉겅퀴 잎과 줄기를 채취한다. 이 때 가시에 찔리지 않도록 조심한다.
2. 엉겅퀴를 흐르는 물에 여러 번 씻은 후 5cm 크기로 잘라 원당과 함께 버무린다.
3. 항아리에 2.를 넣고 입구를 밀봉하여 5일 후부터 뒤집는다.
4. 40일 전후로 걸러 이용한다.

30 컴프리효소

주재료 및 부재료

재료 컴프리 1kg, 설탕 500g, 조청 200g, 소금 30g

조리방법

1. 흐르는 물에 컴프리의 줄기와 잎을 여러 번 씻은 후 물기를 제거한다.
2. 컴프리를 5cm 크기로 자른다.
3. 원당과 컴프리를 버무린 후 1시간이 지나면 항아리에 담아 입구를 비닐로 밀봉한다.
4. 5일 후부터 뒤집어 주며 40일 전후로 걸러 이용한다.

31 당귀효소

주재료 및 부재료

재료 당귀 1kg, 설탕 500g, 조청 200g, 소금 30g

조리방법

1. 당귀를 흐르는 물에 깨끗이 씻은 후 물기를 제거한다.
2. 당귀를 5cm 크기로 자른다.
3. 당귀와 원당을 혼합하여 5시간 동안 그늘에 재운다.
4. 항아리에 3.을 담고 입구를 밀봉한 후 7일 후부터 4일에 한 번씩 재료를 뒤집는다.
5. 70일 전후로 걸러 이용한다.

32 오가피효소

주재료 및 부재료

재료 오가피 1kg, 설탕 500g, 조청 200g, 소금 30g

조리방법

1. 오가피를 열매만 따서 알맹이가 깨지지 않도록 흐르는 물에 깨끗이 씻어 물기를 뺀다.
2. 원당과 오가피를 4:6 비율로 혼합하여 2시간 동안 그늘에 둔다.
3. 항아리에 2.를 담고 입구를 밀봉한 후 5일 후부터 2일에 한 번씩 뒤집는다.
4. 50일 전후로 걸러 이용한다.

33 헛개나무효소

주재료 및 부재료

재료 헛개나무 1kg, 설탕 500g, 조청 200g, 소금 30g

조리방법

1. 헛개나무는 줄기와 잎을 채취해 흐르는 물에 씻은 후 물기를 뺀다.
2. 헛개나무를 6cm 크기로 자른다.
3. 원당과 헛개나무를 4:6 비율로 혼합하여 1시간 동안 그늘에 둔다.
4. 3.을 항아리에 눌러담는다.
5. 헛개나무 열매는 이물질이 없도록 흐르는 물에 씻어 오랫동안 물기를 제거한다.
6. 원당과 헛개나무 열매를 4:6 비율로 혼합하여 8시간 동안 그늘에 둔다.
7. 6.을 항아리에 눌러 담는다.
8. 4.와 7.은 입구를 밀봉한 후 10일 후부터 5일에 한 번씩 뒤집어 준다.
9. 90일 전후로 걸러 이용한다.

34 호박효소

재료 호박 1kg, 설탕 500g, 조청 200g, 소금 30g

조리방법

1. 호박을 잘게 잘라 원당과 4:6 비율로 혼합하여 1시간 동안 그늘에 재워둔다.
2. 항아리에 1.을 담은 후 입구를 비닐로 밀봉하고 7일 후부터 4일에 한 번씩 뒤집는다.
3. 50일 전후로 걸러 이용한다.

𝒮𝟧 겨우살이효소

주재료 및 부재료

재료 겨우살이 1kg, 설탕 500g, 조청 200g, 소금 30g

조리방법

1. 겨우살이는 잎과 열매가 떨어지지 않도록 조심스럽게 흐르는 물에 씻은 후 물기를 빼고 5cm 크기로 자른다.
2. 원당과 겨우살이를 4:6 비율로 혼합하여 3시간 동안 그늘에 방치한다.
3. 항아리에 2.를 넣고 입구를 밀봉한 후 7일 후부터 5일 간격으로 뒤집는다.
4. 150일 전후로 걸러 이용한다.

36 땅두릅효소

재료 땅두릅 1kg, 설탕 500g, 조청 200g, 소금 30g

1. 땅두릅은 정유 성분이 많아 기름이 나오지 않을 때까지 흐르는 물에 계속 씻는다.
2. 땅두릅의 물기를 뺀 후 5cm 크기로 자른다.
3. 원당과 땅두릅을 4:6 비율로 혼합한 후 8시간 동안 실온에 재운다.
4. 항아리에 3.을 담고 입구를 밀봉하고 7일 후부터 5일에 한 번씩 재료를 뒤집는다.
5. 90일 전후로 걸러 이용한다.

37 돼지감자효소

주재료 및 부재료

재료 돼지감자 1kg, 설탕 500g, 조청 200g, 소금 30g

조리방법

1. 돼지감자는 솔을 이용해 흐르는 물에 깨끗이 씻는다.
2. 돼지감자의 물기를 뺀 후 잘게 자른다.
3. 원당과 돼지감자를 4:6 비율로 혼합하여 5시간 동안 그늘에 둔다.
4. 3.을 항아리에 담고 비닐로 입구를 밀봉한 후 7일 후부터 5일에 한 번씩 뒤집어 준다.
5. 50일 전후로 걸러 이용한다.

38 머위효소

주재료 및 부재료

재료 머위 1kg, 설탕 500g, 조청 200g, 소금 30g

조리방법

1. 머위는 깨끗이 씻은 후 적당한 크기로 잘라 준다.
2. 원당과 머위를 4:6 비율로 섞어 30분 동안 방치한다.
3. 항아리에 2.를 넣고 입구를 밀봉한 후 3일 후부터 뒤집는다.
4. 25일 전후로 걸러 이용한다.

39 녹차효소

주재료 및 부재료

재료 녹차 1kg, 설탕 500g, 조청 200g, 소금 30g

조리방법

1. 녹차를 원당과 혼합해 항아리에 담아 준다.
2. 입구를 밀봉한 후 10일 후부터 뒤집는다.
3. 50일 전후로 걸러 이용한다.

40 꼭두서니효소

주재료 및 부재료

재료 꼭두서니 1kg, 설탕 500g, 조청 200g, 소금 30g

조리방법

1. 장갑을 낀 후 꼭두서니를 채취해서 흐르는 물에 씻어 물기를 뺀다.
2. 꼭두서니를 잘게 자른 후 원당과 혼합하여 1시간 정도 방치한다.
3. 항아리에 2.를 담고 입구를 밀봉한 후 4일 후부터 뒤집는다.
4. 25일 전후로 걸러 이용한다.

41 한련초효소

재료 한련초 1kg, 설탕 500g, 조청 200g, 소금 30g

조리방법

1. 한련초는 뿌리까지 채취해서 여러 번 씻은 후 물기를 제거한다.
2. 한련초를 5cm로 잘게 자른 후 원당과 혼합한다.
3. 항아리에 2.를 담은 후 입구를 밀봉하여 5일 후부터 뒤집는다.
4. 30일 전후로 걸러 이용한다.

42 익모초효소

주재료 및 부재료

재료 익모초 1kg, 설탕 500g, 조청 200g, 소금 30g

조리방법

1. 익모초를 잘게 잘라 원당과 버무린다.
2. 2시간 동안 재워 둔 익모초는 항아리에 넣고 입구를 밀봉한다.
3. 5일 후부터 뒤섞어 주고 3일 간격으로 뒤집는다.
4. 60일 전후로 걸러 이용한다.

43 쑥효소

주재료 및 부재료

재료 쑥 1kg, 설탕 500g, 조청 200g, 소금 30g

조리방법

1. 쑥은 불순물을 깨끗이 손질한 후 여러 번 씻어 물기를 제거한다.
2. 원당과 쑥은 4:6 비율로 섞어 항아리에 담아 입구를 밀봉한다.
3. 5일에 후부터 뒤집어 주어야 하며 3일에 한 번씩 맛을 보아야 한다.

44 마늘쫑효소

주재료 및 부재료

재료 마늘쫑 1kg, 설탕 500g, 조청 200g, 소금 30g

조리방법

1. 마늘은 6cm 크기로 자른 후 깨끗이 씻어 물기를 제거한다.
2. 원당과 마늘은 4:6 비율로 혼합한다.
3. 마늘은 껍질을 손질한 후 깨끗이 씻어 물기를 제거한다.
4. 마늘에 원당을 버무린 후 3시간 동안 방치한다.
5. 항아리에 마늘쫑은 30일, 마늘은 40일 동안 발효한다.

45 보리효소

주재료 및 부재료

재료 보리 1kg, 설탕 500g, 조청 200g, 소금 30g

조리방법

1. 보리의 줄기와 잎을 채취하여 흐르는 물에 씻는다.
2. 보리를 5cm 크기로 자른 후 원당과 혼합하여 하루 동안 재운다.
3. 항아리에 2.를 담고 비닐로 입구를 밀봉한다.

46 박하효소

주재료 및 부재료

재료 박하 1kg, 설탕 500g, 조청 200g, 소금 30g

조리방법

1. 박하는 흐르는 물에 여러 번 씻은 후 5cm 크기로 자른다.
2. 원당과 박하를 혼합한 후 1시간 동안 재운다.
3. 항아리에 2.를 담고 5일 후부터 2일 간격으로 뒤집는다.
4. 30일 전후로 걸러 이용한다.

47 도라지효소

주재료 및 부재료

재료 도라지 1kg, 설탕 500g, 조청 200g, 소금 30g

조리방법

1. 도라지 뿌리에는 흙이 묻어 있으므로 솔로 잘 닦아 흐르는 물로 씻는다.
2. 그늘에서 20분간 물기를 뺀 후 자르지 않고 그대로 원당과 혼합하여 항아리에 담는다.
3. 항아리의 입구를 밀봉한 후 5일 뒤부터 뒤집는다.
4. 90일 전후로 걸러 이용한다.

48 더덕효소

주재료 및 부재료

재료 더덕 1kg, 설탕 500g, 조청 200g, 소금 30g

조리방법

1. 더덕은 흐르는 물에 깨끗이 씻은 후 그늘에서 물기를 뺀다.
2. 더덕을 6cm 크기로 자른 후 원당과 6:4 비율로 섞어 6시간 동안 그늘에 방치한다.
3. 항아리에 빈틈없이 꾹꾹 눌러담고 입구를 밀봉하여 5일 후부터 3일에 한 번씩 뒤집는다.
4. 70일 전후로 걸러 이용한다.

49 귤효소

주재료 및 부재료

재료 귤 1kg, 설탕 500g, 조청 200g, 소금 30g

조리방법

1. 귤의 껍질을 모두 제거한 후 원당과 6:4 비율로 섞어 1시간 동안 방치한다.
2. 1.을 항아리에 담은 후 입구를 밀봉하여 5일 후부터 5일에 한 번씩 뒤집는다.
3. 30일 전후로 걸러 이용한다.

50 솔잎효소

주재료 및 부재료

재료 솔잎 1kg, 설탕 500g, 조청 200g, 소금 30g

조리방법

1. 솔잎은 흐르는 물에 깨끗이 씻은 후 물기를 제거한다.
2. 솔잎과 원당은 6:4 비율로 혼합하여 10시간 동안 실온에서 재운다.
3. 항아리에 2.를 넣고 그 위에 원당을 뿌려 준 후 대나무 잎을 솔잎 항아리 위에 덮어 두어 송진을 제거한다.
4. 대나무 잎은 계속해서 교체해 주면 솔잎은 7일 후부터 5일 간격으로 뒤집는다.
5. 70일 전후로 걸러 이용한다.

51 쇠무릎효소

주재료 및 부재료

재료 쇠무릎 1kg, 설탕 500g, 조청 200g, 소금 30g

조리방법

1. 쇠무릎은 깨끗이 씻은 후 물기를 뺀다.
2. 쇠무릎을 5cm 크기로 자른 후 원당과 6:4 비율로 혼합하여 3시간 동안 그늘에 재운다.
3. 항아리에 2.를 담고 입구를 밀봉한 후 7일 후부터 5일에 한 번씩 뒤집는다.
4. 50일 전후로 걸러 이용한다.

52 작약효소

주재료 및 부재료

재료 작약 1kg, 설탕 500g, 조청 200g, 소금 30g

조리방법

1. 작약의 뿌리에 붙어 있는 흙은 솔로 문질러 흐르는 물에 깨끗이 씻은 후 물기를 제거한다.
2. 작두를 이용해 잘게 자른다.
3. 작약과 원당은 6:4 비율로 혼합하여 8시간 동안 그늘에 재운다.
4. 항아리에 3.을 담고 입구를 밀봉한다.
5. 10일 후부터 5일에 한 번씩 뒤집어 주며 150일 전후로 걸러 이용한다.

53 지황효소

주재료 및 부재료

재료 지황 1kg, 설탕 500g, 조청 200g, 소금 30g

조리방법

1. 지황은 4시간 정도 물에 불렸다가 흐르는 물에 솔로 문질러 씻은 후 물기를 뺀다.
2. 지황은 원당과 6:4 비율로 혼합하여 7시간 동안 재운다.
3. 항아리에 2.를 넣고 입구를 밀봉한 후 7일 후부터 5일에 한 번씩 뒤집어 준다.
4. 70일 전후로 걸러 이용한다.

54 옻나무효소

재료 옻나무 1kg, 설탕 500g, 조청 200g, 소금 30g

1. 옻나무의 가느다란 줄기와 잎만 채취하여 흐르는 물에 세척한 후 물기를 뺀다.
2. 옻나무를 작두를 이용하여 5cm 크기로 자른다.
3. 옻나무와 원당을 6:4 비율로 혼합하여 5시간 동안 그늘에 방치한다.
4. 항아리에 3.을 담고 입구를 밀봉한 후 7일 후부터 5일에 한 번씩 뒤집는다.
5. 100일 전후로 걸러 이용한다.

55 아주까리잎효소

주재료 및 부재료

재료 아주까리잎 1kg, 설탕 500g, 조청 200g, 소금 30g

조리방법

1. 아주까리잎은 흐르는 물에 여러 번 세척한 후 물기를 제거한다.
2. 아주까리잎을 6cm 크기로 자른 후 원당과 6:4 비율로 혼합하여 2시간 동안 재운다.
3. 항아리에 2.를 넣고 입구를 밀봉한 후 5일 후부터 뒤집는다.
4. 40일 전후로 걸러 이용한다.

56 달맞이꽃효소

재료 달맞이꽃 1kg, 설탕 500g, 조청 200g, 소금 30g

조리방법

1. 달맞이꽃의 어린 순을 뿌리까지 채취하여 흐르는 물에 씻은 후 소쿠리에 담아 10분 정도 그늘에 둔다.
2. 달맞이꽃을 5cm 크기로 자른다.
3. 원당과 달맞이꽃의 어린 순을 4:6 비율로 혼합하여 20분 동안 방치한다.
4. 항아리에 3.을 담고 입구를 밀봉한 후 3일 후부터 뒤집는다.
5. 20일 전후로 걸러 이용한다.

57 뽕잎효소

주재료 및 부재료

재료 뽕잎 1kg, 설탕 500g, 조청 200g, 소금 30g

조리방법

1. 뽕나무의 윗순과 잎을 채취하여 흐르는 물에 씻은 후 물기를 제거한다.
2. 뽕잎을 5cm 크기로 자른 후 원당과 혼합하여 1시간 동안 방치한다.
3. 항아리에 2.를 담은 후 입구를 밀봉하고 5일 후부터 뒤집는다.
4. 35일 전후로 걸러 이용한다.

58 콩잎효소

주재료 및 부재료

재료 콩잎 1kg, 설탕 500g, 조청 200g, 소금 30g

조리방법

1. 콩잎과 줄기를 채취하여 흐르는 물에 여러 번 씻은 후 물기를 제거한다.
2. 콩잎과 원당을 6:4 비율로 혼합한 후 1시간 동안 그늘에 둔다.
3. 항아리에 2.를 담은 후 입구를 밀봉한다.
4. 콩잎은 5일 후부터 뒤집어 주며 40일 전후로 걸러 사용한다.

59 은행나무효소

주재료 및 부재료

재료 은행나무 1kg, 설탕 500g, 조청 200g, 소금 30g

조리방법

1. 은행잎은 흐르는 물에 세척한 후 물기를 제거하고 원당과 6:4 비율로 혼합하여 3시간 동안 재운다.
2. 은행은 고무장갑을 끼고 깨끗이 씻어 오랜 시간 물기를 뺀다.
3. 원당과 6:4 비율로 혼합하여 1시간 동안 방치한다.
4. 은행잎과 은행을 항아리에 넣은 후 입구를 밀봉하여 5일 후부터 3일에 한 번씩 재료를 뒤집는다.
5. 50일 전후로 걸러 이용한다.

60 산국효소

주재료 및 부재료

재료 산국 1kg, 설탕 500g, 조청 200g, 소금 30g

조리방법

1. 산국은 깨끗이 세척한 후 소쿠리에 담아 30분 동안 그늘에 방치해 물기를 뺀다.
2. 산국을 5cm 크기로 자른 후 원당과 6:4 비율로 버무린다.
3. 항아리에 2.를 담고 입구를 밀봉한 후 5일 후부터 3일에 한 번씩 재료를 뒤집는다.
4. 40일 전후로 걸러 이용한다.

61 모시풀효소

재료 모시풀 1kg, 설탕 500g, 조청 200g, 소금 30g

조리방법

1. 모시풀의 잎과 줄기를 채취해서 흐르는 물에 여러 번 씻어 물기를 제거한다.
2. 모시풀을 잘게 자른 후 원당과 6:4 비율로 혼합하여 1시간 동안 그늘에 둔다.
3. 항아리에 2.를 담은 후 입구를 밀봉하고 5일 후부터 뒤집는다.
4. 40일 전후로 걸러 이용한다.

62 탱자효소

주재료 및 부재료

재료 탱자 1kg, 설탕 500g, 조청 200g, 소금 30g

조리방법

1. 탱자는 익기 전에 채취하여 흐르는 물에 깨끗하게 씻은 후 물기를 제거하고 반으로 자른다.
2. 탱자와 원당은 6:4 비율로 혼합하여 3시간 동안 활성화시킨 후 항아리에 담는다.
3. 항아리 입구를 밀봉하고 7일 후부터 5일에 한 번씩 뒤집는다.
4. 120일 전후로 걸러 이용한다.

63 연근효소

주재료 및 부재료

재료 연근 1kg, 설탕 500g, 조청 200g, 소금 30g

조리방법

1. 연근은 솔로 문지르며 흐르는 물에 깨끗이 씻는다.
2. 연근을 10시간 이상 물기를 뺀 후 잘게 잘라 원당과 6:4 비율로 혼합하여 4시간 동안 그늘에 둔다.
3. 항아리에 2.를 담고 입구를 밀봉한 후 7일 후부터 5일에 한 번씩 뒤집는다.
4. 50일 전후로 걸러 이용한다.

64 누룩소금

주재료 및 부재료

재료 천일염 100g, 쌀누룩(산곡) 300g, 물 0.4L

조리방법

1. 쌀누룩과 천일염을 혼합한 후 물을 넣어 소금이 완전히 녹을 때까지 섞어 준다.
2. 소독된 병에 뚜껑을 살짝 얹어 준다.
3. 하루 한 번씩 골고루 섞어 산소를 주입하고 가스를 배출시킨다.
4. 실온에서 여름에는 1주일, 겨울에는 10일간 발효하여 믹스로 갈아 액상으로 사용한다. (냉장 보관)

발효청을 이용한 음식 Recipe

발효청 요리 활용법

• 요리에 설탕을 대체하는 당으로 사용 가능

소스, 무침, 나물, 볶음, 찜, 조림 등의 요리에 사용한다.

차 또는 음료로 사용 가능

기호에 따라 물, 우유, 탄산수 등을 발효청과 적절히 혼합하여 공복에 2~4회/일 의 주기로 약 1컵씩 섭취한다. 오래 두면 활성이 감소하므로 가급적이면 만드는 즉시 먹는 것이 좋다.

발효청을 대신할 수 있는 재료

① **올리고당** : 설탕에 비해 칼로리가 적고 단맛이 덜하다.
② **메이플 시럽** : 칼로리가 적어 환자용, 다이어트용으로 이용한다.
③ **아가베 시럽** : 설탕에 비해 단맛은 강하면서도 칼로리는 적다.
④ **꿀** : 당분의 흡수가 느려 GI지수가 낮다. (혈당이 빨리 상승하지 않는다.)
⑤ **조청** : 쌀 또는 옥수수를 원료로 하고 소화가 잘 된다.

65 고추발효청 멸치볶음

주재료 및 부재료

재료 잔멸치 200g, 청/홍고추 1개, 통깨 2g
양념 간장 60g, 발효청 60g, 설탕 5g

조리방법

1. 팬에 기름을 두르지 않은 상태에서 멸치를 볶아 준다.
2. 고추는 깨끗이 씻은 후 어슷 썬다.
3. 팬에 간장, 발효청, 설탕을 넣고 끓이다가 볶은 멸치를 넣어 윤기나게 볶는다.
4. 통깨로 고명을 올린다.

66 발효청소스 두부강정

주재료 및 부재료

재료 두부 1모, 청/홍고추 1개, 다진 파 15g, 다진 마늘 15g, 발효청 100g, 전분가루 100g, 식
　　용유 15g

조리방법

1. 두부는 물기를 제거한 후 소금과 후춧가루로 밑간을 하고 전분가루를 묻혀 180℃ 기름에 튀겨 준
　　다.
2. 청/홍고추는 깨끗이 씻은 후 0.5cm 크기로 자른다.
3. 팬에 기름을 두른 후 다진 파, 다진 마늘을 넣고 살짝 볶아 준 후 고추와 발효청을 넣어 끓이다가 튀
　　긴 두부를 넣고 버무린다.

67 우엉샐러드

주재료 및 부재료

재료 우엉 2토막, 청/홍 파프리카 1/2개씩, 가지 1/3개, 깻잎 3장
드레싱 간장 30g, 발효청 15g, 설탕 15g, 식초 30g, 다진 고추 15g, 미소된장 5g, 참기름 3g,
　　　깨소금 2g

조리방법

1. 우엉은 칼등을 이용해 껍질을 살살 긁어 벗긴 후 5cm 길이로 채 썰어 끓는 물에 살짝 데쳐준다.
2. 가지, 파프리카, 깻잎은 0.5cm 두께로 채 썬다.
3. 드레싱 재료를 한 데 모아 섞은 후 냉장고에 넣고 차게 식힌다.
4. 볼에 준비한 재료를 모두 넣어 잘 버무린다.

68 목이발효청탕수

주재료 및 부재료

재료 목이버섯 300g, 적/청/황 파프리카 1/2개씩, 발효청 200g, 소금 8g, 식용유 15g, 밀가루
100g, 녹말가루 115g, 물 115g, 달걀 흰자 1개, 후춧가루 2g

조리방법

1. 목이버섯을 따뜻한 물에 불린 후 지저분한 것을 제거하고 한 입 크기로 자른다.
2. 파프리카는 3cm 길이로 썬다.
3. 밀가루와 녹말, 물 100g에 달걀 흰자 1개와 소금 5g, 후추를 섞어 튀김옷을 만든 후 손질한 목이버섯에 튀김옷을 입히고 180℃ 기름에 튀긴다.
4. 녹말가루 15g과 물 15g을 섞어 녹말물을 만들어 준다.
5. 팬에 발효청을 넣고 끓으면 준비한 버섯과 파프리카를 넣어 녹말물과 함께 섞어 마무리한다.

69 오미자발효청그린샐러드

주재료 및 부재료

재료 양상추 50g, 치커리 20g, 오이 1개, 적양파 1/2개, 홍/황 파프리카 1/2개씩, 깻잎 5장
소스 오미자 발효청 45g, 레몬즙 30g, 다진 적양파 15g, 간장 30g, 참기름 15g, 통깨 15g

조리방법

1. 소스는 한 데 섞어 냉장고에 넣어 차게 해 준다.
2. 양상추와 치커리는 먹기 좋은 크기로 손으로 뜯어 찬물에 담갔다가 물기를 제거한다.
3. 오이, 적양파, 파프리카, 깻잎은 5cm로 채 썰어 준비한 그릇에 보기 좋게 담는다.
4. 3.에 차게 해 준 소스를 뿌려 마무리한다.

70 수삼부추매실효소액무침

주재료 및 부재료

재료 수삼 1개, 부추 반 단, 양파 1/8쪽, 다진 마늘 8g, 고춧가루 8g, 매실효소액 23g, 멸치액
    젓 15g, 통깨 약간

조리방법

1. 부추는 깨끗이 씻어 4cm 크기로 자르고 양파는 가늘게 채 썰어 볼에 담는다.
2. 수삼은 깨끗이 씻어 어슷썰기한다.
3. 다진마늘, 멸치액젓, 매실효소액, 고춧가루를 넣고 잘 혼합한다.
4. 통깨를 뿌려 마무리한다.

71 매실효소액 가지무침

주재료 및 부재료

재료 가지 2개, 달걀 2개, 밀가루 30g, 쪽파 1개, 홍/청고추 1개, 다진마늘 3g, 참기름 7g, 간
장 25g, 통깨 5g, 고춧가루 5g, 매실효소액 8g

조리방법

1. 쪽파는 잘게 썰고 홍/청고추는 잘게 다져 다진 마늘과 함께 혼합한다.
2. 1.에 고춧가루와 통깨를 넣고 간장, 매실효소액, 물을 넣어 잘 섞는다.
3. 2.에 참기름을 넣고 냉장고에 보관하여 숙성시킨다.
4. 가지는 깨끗하게 씻은 후 물기를 제거하고 0.7cm 두께로 어슷 썬다.
5. 달걀은 볼에 풀어서 준비한다.
6. 가지에 밀가루 옷을 입히고 차례로 달걀옷을 입혀 달궈진 팬에 기름을 두르고 부친다.
7. 부쳐진 가지를 접시에 담고 양념장을 위에 뿌려 완성한다.

72 파인애플효소액 떡갈비

주재료 및 부재료

재료 소고기(잘게 간 것) 300g, 쪽파 30g, 다진 마늘 8g, 찹쌀가루 15g, 파인애플효소액 25g,
맛간장 15g, 소금/후추/참기름 약간

조리방법

1. 소고기는 키친타올로 두드려 물기를 제거한다.
2. 쪽파는 잘게 다져 다진 마늘, 찹쌀가루, 파인애플효소액, 맛간장, 소금, 후추, 참기름과 혼합하여 양
   념을 만든다.
3. 2.에 고기를 혼합하여 잘 치댄다.
4. 0.5cm 두께로 먹기 좋은 크기로 성형하고 얇게 칼집을 낸다.
5. 달궈진 팬에 물을 조금씩 부어주며 고기가 타지 않도록 구워 준다.

73 양파효소액 해물등뼈찜

재료 돼지등뼈 500g, 새우 5개, 전복 10개, 꽃게 1마리, 피조개 3개
양념 간장 20g, 미림 20g, 고춧가루 30g, 다진마늘 20g, 매실효소액 20g, 양파효소액 20g,
후춧가루 15g, 참기름 10g, 레몬즙 10g, 사과,키위,양파 각 2개

조리방법

1. 돼지등뼈는 핏물을 빼고 전복, 새우, 조개는 잘 손질해서 끓는 물에 살짝 데친다.
2. 키위, 사과, 양파는 잘 갈아 준다.
3. 간장, 미림, 고춧가루, 다진마늘, 매실효소액, 양파효소액, 후춧가루, 참기름, 레몬즙을 잘 섞어 혼합한다.
4. 핏물이 빠진 등뼈와 꽃게는 30~40분 간 익혀 흐르는 물에 2번 씻는다.
5. 4.와 2., 3.을 한꺼번에 섞어 혼합한다.
6. 5.를 1/3 정도 부어 30~40분 간 익히고, 마지막에 남은 양념을 넣어 10분 정도 익혀 마무리한다.

74 양파효소액 고등어조림

주재료 및 부재료

재료 고등어 1마리, 무 100g, 고구마순 100g, 소주 30g, 간장 30g, 고춧가루 30g, 매실액 15g, 양파효소액 15g

조리방법

1. 소주와 간장, 고춧가루, 매실액, 양파효소액을 섞어 양념장을 만든다.
2. 냄비에 무와 양념장의 1/3을 넣고 살짝 익힌다.
3. 2.에 고구마순을 넣고 어느 정도 익으면 고등어를 넣는다.
4. 남은 양념장을 마저 넣고 잘 졸여 익힌다.

1. 막걸리란?

막걸리는 쌀로 밑술을 담가 맑은 술을 걸러내고 남은 술지게미를 다시 체에 물을 부어 걸러낸 술로, 막 걸러냈다고 해서 막걸리라고 하며, 흥탁한 빛깔로 하여 탁주(濁酒)라고도 불린다. 청주에 비해 쌀의 영양성분이 많이 녹아있어 영양이 더 풍부하며, 찹쌀을 함께 넣어 제조할 경우 단맛을 오래 유지할 수 있어 더 선호된다. 막걸리는 곡주이므로 음식과 대체로 잘 어울리며, 도수는 4~6%밖에 되지 않아 마시는 사람이 취기를 쉽게 느끼지 못한다.

양조장에서 빚는 막걸리는 양조장에 따라 제법이 다양한데, 주세법에서는 탁주를 "녹말이 포함된 재료와 국(麴) 및 물을 원료로 하여 발효시킨 술덧을 여과하지 아니하고 혼탁하게 제성한 것, 이에 따른 주류의 원료에 당분을 첨가하여 발효시킨 술덧을 여과하지 아니하고 혼탁하게 제성한 것, 주류의 원료에 과실·채소류를 첨가하여 발효시킨 술덧을 여과하지 아니하고 혼탁하게 제성한 것, 규정에 따른 주류의 발효·제성 과정에 대통령령으로 정하는 재료를 첨가한 것" 이라고 규정되어 있다.

막걸리는 한 번에 빚어 완성하는 단양주인 경우가 많았고, 양조 방법이 단순하고 술 빚는 시간이 짧아 속성주라고도 불렸다. 전통 방식으로 만드는 막걸리의 양조에서는 밀로 만든 누룩만을 이용하지만, 현대의 막걸리 양조에서는 밀누룩 대신 입국(粒麴, 밀가루 혹은 쌀누룩)을 사용하는 차이점이 있다.

2. 막걸리의 역사

《삼국유사》에 수로왕이 제사를 지내기 위해 요례(醪醴)를 빚었다는 기록이 있어 이것을 탁주류에 대한 기록으로 보는 견해가 있다. 《삼국지위서 동이전》의 '고구려가 장양(藏釀)을 잘 한다'는 기록이나 《해동역사》의 '멥쌀로 빚은 신라주'에 관한 기록들로 미루어 볼 때 삼국시대에 탁주 주조 기술이 뛰어났음을 알 수 있다.

아울러 조선 시대에 들어와서는 가양주(家釀酒) 문화가 발달하여 양조기술이 고급화되고 종류가 다양해졌다. 《임원경제지》는 우리 술을 처음으로 분류한 서적으로, 막걸리 등의 탁주는 양료류(醽醪類)로 분리되었다. 일제 강점기에는 조선총독부의 주세법과 주세령 등에 의해 가양주 문화가 말살되었고, 술 문화의 다양성이 훼손되었다.

최근 건강에 대한 관심이 높아지면서 알코올 도수가 낮고 유산균과 단백질이 풍부한 막걸리가 고급 탁주로 복원되며 다양한 막걸리 제품이 출시되고 있다.

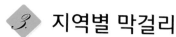 # 지역별 막걸리

(1) 수도권

서울 장수막걸리

서울의 장수막걸리는 서울탁주연합제조장에서 생산하는 막걸리로, 영등포, 구로, 강동, 서부, 도봉, 태릉, 성동 지역에 있는 7개 양조장이 연합하여 서울 탁주 공동 브랜드의 상품을 생산하여 판매하고 있다. 대표적인 상품은 '장수생막걸리'로 단일 양조장에서 생산하는 것이 아닌 막걸리이므로 각 양조장별 납품지역에 따라 맛이 균일하지 않다. 탄산이 강하고 순한 맛을 가지며, 도수는 6%이다. 월매쌀막걸리, 산토리막걸리 등의 막걸리를 판매한다.

강화 고향생막걸리

인천 지역의 막걸리로, 강화 고향생막걸리와 같은 막걸리 원액에 인삼액을 10%가량 첨가한 고향인삼막걸리와 함께 판매된다.

주시락 배막걸리

경기도 가평군의 막걸리로 배과즙이 들어가 특유의 청량감이 있다. 여성과 외국인이 선호하는 편이다. 비슷한 제품으로 주시락 복분자막걸리가 있다.

가평 잣막걸리

경기도 가평군의 대표 특산품인 잣을 첨가하여 만든 막걸리이다.

포천 이동막걸리

포천은 예로부터 물이 맑아 이 지역에서 생산된 막걸리가 유명해졌다. 쌀막걸리로 밀가루를 섞어 만든 막걸리에 비해 목 넘김이 부드럽고, 맛이 조화롭다. 도수는 6%이다.

고양 통일막걸리(고양탁주)

고양탁주합동제조장에서 생산하는 양산형 막걸리로, 서울 막걸리에 비해 탄산이 약하여 상대적으로 부드럽다.

배다리 막걸리

고양탁주에 소속된 배다리 술도가에서 빚는 지역 특색의 막걸리이다. 탄산이 있기는 하나 톡 쏘는 맛이 없어서 부드럽고, 다소 시큼한 맛이 있으며 도수는 7도이다.

삼막걸리

산양산삼이 들어간 경기도 광주시의 막걸리로, 향이 상당히 진하다.

지평 막걸리(지평주조)

우유같이 맑은 색을 띠고, 적당한 탄산에 약간의 단맛이 있어서 대중적으로 선호되는 맛의 막걸리이다.

이천 생쌀막걸리

이천에서 생산되는 경기미(이천쌀)로 만든 막걸리로 경기도 농업기술원과 오성주조 간의 연구에 의해 탄생한 막걸리이다. 도수는 8도로 높은 편이다.

대포 막걸리

배상면주가에서 생산되는 막걸리로, 살균탁주이다.

느린마을 막걸리

배상면주가에서 생산되는 막걸리로 별도의 첨가제를 넣지 않고 생산하는 막걸리이다. 바닐라향이 나는 것이 특징이다.

안양 옥미주

경기도 안양 지역의 민속주로 '잘 여문 옥수수에 현미를 넣어 빚는다'는 뜻을 담은 옥미주로 옥구슬과 같은 담황색을 띤다. 거칠게 빻은 현미를 찐 후에 누룩을 섞어 1차 당화시키고, 여기에 옥수수, 고구마, 엿기름 등을 넣어 숙성시킨 것을 자루에 넣고 짜내어 만들고, 도수는 11%이다.

(2) 강원도

강원도 강냉이엿술

옥수수 산지로 유명한 강원도 지역에서 농주로 마시던 탁주 계열의 막걸리로 춘천 지역의 엿술이 유명하다. 옥수수에 엿기름을 넣어 만듦으로 옥수수의 고소한 향미가 있다.

약천골 지장수 생막걸리

동해시 낙천양조장에서 만드는 대표적인 막걸리로 깔끔한 맛이 특징이다. 호박막걸리, 오미자, 옥수수, 더덕, 칡, 오렌지, 블루베리 등을 넣은 동동주도 함께 생산한다.

곤드레

국순당에서 만드는 막걸리 중의 하나로 강원도 산간에서 생산되는 곤드레나물 성분을 포함하고 있다.

소양강 생막걸리

춘천시 신북읍 천전리에서 생산되는 동네 막걸리로, 크게 달지 않으며 탄산이 많다.

봉평 생메밀막걸리

일반적인 메밀막걸리보다 높은 양의 메밀(10%) 함량을 가지고 있는 막걸리이다.

고시레 막걸리

국순당에서 생산하는 막걸리로 쌀의 도정 비율을 70%까지 높여 만든 막걸리이다.

이화주

국순당에서 만든 걸쭉한 막걸리로 배꽃이 필 무렵부터 담근다고 하여 이름붙었다.

(3) 충청도

소백산 검은콩막걸리

막걸리의 첨가물로 검은콩을 사용하여 만든 막걸리이다. 걸쭉한 식감이 있다.

증약 막걸리

군북양조장에서 생산되는 막걸리로 서울지역의 막걸리에 비해 달고 걸쭉한 느낌의 식감이 있다. 탁주 효모 이외에 곡자를 함께 사용한다.

공주 알밤주

공주의 특산품인 알밤을 넣어 만든 막걸리로 고소하고 밤 특유의 단맛이 나는 막걸리이다. 도수는 7도 정도 된다.

하얀연꽃 백련 생막걸리

당진에서 생산되는 해나루쌀과 백련잎을 넣어 발효시킨 막걸리이다.

(4) 영남

부산 금정산성 막걸리

500년 전통의 산성 누룩과 금정산의 암반수를 이용한 쌀막걸리이다. 조선 초기부터 살고 있던 화전민들이 생계 수단으로 술을 만들다가 숙종 때 금정산성을 쌓기 시작하면서 외지인의 유입이 늘어 이들에 의해 전국으로 알려졌다는 유래가 있다. 전통 방식대로 만든 누룩을 가루로 빻아 쌀로 혼합하여 만들고, 도수는 8%이다.

호산춘

가양주 중의 하나로 경상북도 문경시에서 생산하는 술이며 500년의 역사를 자랑하는 술이다.

저구 막걸리

소매물도 인근의 저구항 인근에 양조장이 존재하며, 거제 남부지역에서 소규모로 소비되는 술이었다. 소맥분에 조 효소를 사용한 막걸리로 탄산이 매우 적고 바디감이 무겁다.

행운 막걸리
거제의 성포양조장에서 생산되는 막걸리로 지역 내에서 가장 큰 규모의 양조장에서 생산된다.

산양 생막걸리
통영시에서 생산되는 막걸리로 막걸리에 곡자를 넣어 발효시켜 특유의 단맛이 느껴진다.

울산 복순도가
울산광역시 울주군 지역의 손막걸리로 집안 전통 방식으로 빚은 가양주 형식의 전통주이다. 울산에서 난 쌀과 전통 누룩으로 항아리에 담아 만들며 누룩이 발효되는 과정에서 자연 생성되는 천연 탄산이 주는 청량감이 일품이다.

(5) 호남

광주 무등산탁주
깔끔한 맛이 특징으로 2011 도시환경협약(UEA) 광주정상회의 공식 건배주로 사용되었다.

운봉 생막걸리
지리산 근처에 있는 양조장에서 생산되며 맛이 상당히 부드럽고 순하다.

송명섭 막걸리
전통주 담그기 무형문화재인 송명섭 선생이 직접 빚은 막걸리로, 첨가물이나 감미료를 전혀 집어넣지 않은 막걸리이다.

고흥 유자향주
유자청과 감초, 당귀 등의 한약재를 함께 넣고 발효시킨 막걸리이다.

대대포 막걸리
막걸리에 지리산 토종꿀을 사용하며 쌀 도정을 18도까지 하기 때문에 술 색깔이 희다.

개도 막걸리
여수 앞바다의 개도에서 생산되는 막걸리로 누룩 대신 팥을 발효시킨 곡자를 사용하여 과일향에 가까운 닷 맛이 나는 막걸리이다.

자희향 생탁주

설익힌 떡인 범벅을 만들어 누룩과 함께 발효시킨 밑술에 찹쌀고두밥과 농사지은 황국화로 덧술을 한 막걸리이다.

(6) 제주도

제주 우리쌀 막걸리

제주도 내에 있는 제주합동양조에서 생산하는 막걸리로 유산균이 많다고 하여 "제주 생유산균 막걸리" 라고도 불린다.

 # 막걸리 빚는 법

(1) 쌀누룩 만들기

재료 : 멥쌀 4kg, 백국균 20g

파종

① 멥쌀(4kg) 백미를 잘 씻어 2시간 정도 불리고 30분간 물을 뺀다.
② 스팀에 40분간 찌고 10분간 뜸을 들인다.
③ 고두밥을 30℃로 식힌 후에 백국균 10~20g(곡물의 0.25~0.5%)을 골고루 뿌려 준다.
④ 채반(사각 플라스틱)에 소독된 면보를 깔고, 고두밥을 넣고, 면보로 완전히 덮은 다음 이불을 덮어 둔다.

띄우기

① 품온 30℃로 발효시키면 15~20시간 후 40℃까지 품온이 상승한다. 이 때 면보가 말라 있다면 분무기로 물을 뿌려주어 습도를 조절한다.
② 온도가 40℃ 이상 올라가면 좋지 않으므로 이불을 벗기고 덩어리를 부수어 품온을 30℃로 내린다.
③ 다시 3시간 정도 지나 품온이 오르면 2)를 반복한다.

출국

① 2일 정도 지나 고두밥의 표면 색상이 황백색이면서 윤기가 없고 솜털 같은 포자가 생겼다면 발효를 중단한다.
② 품온은 25℃로 내려간다.

③ 완성된 입국은 바로 사용하거나 냉동보관 또는 건조해서 보관한다. 1주일 정도는 냉장 보관도 가능하다.

(2) 전통 막걸리 빚기

재료 : 백미 1kg, 누룩 250g, 물 1.8L

① 백미를 잘 씻어 4~6시간 물에 불리고 체에 받쳐 2시간 이상 물기를 빼고 김이 오른 찜기에 센 불 30분, 중불 20분, 10분 뜸을 들인다.
② 고두밥을 찌는 동안 그릇에 분량의 물을 부어 누룩의 덩어리가 없도록 풀어 준다. 이 과정은 수곡이라 해서 누룩의 활성도를 높여 주는 것이다.
③ 밥이 다 되면 채반에서 식힌다. (25℃ 이하)
④ 식은 고두밥에 누룩물을 넣어 잘 섞어 준 다음 소독한 통에 담는다.
⑤ 처음 2일 동안은 뚜껑을 닫지 않고 48시간이 지난 다음 1번 젓고, 랩으로 씌워서 바늘 구멍을 5개 정도 뚫어 준다.
⑥ 20~25℃의 적정 온도에서 발효한다. (산소는 차단, 이산화탄소는 배출)
⑦ 발효가 다 되면(6~8일) 맑은 청주가 1cm 정도 만들어진다. 걸러서 냉장고에 숙성한 다음 사용한다.

(3) 현대 막걸리 빚기

재료 : 쌀, 물, 누룩(혹은 입국 등의 발효제), 첨가물(맛 보충 목적)

① 쌀을 씻고 불려 물을 뺀 후에 고두밥을 찐다.
② 발효를 위한 순수 효모를 배양하기 위해 물과 발효제를 섞어 밑술을 만든다.
③ 밑술에 고두밥과 누룩, 물을 2~3회 나눠 담는다.
④ 발효가 끝나면 균질화 및 알코올 도수를 조정하기 위해 물과 첨가물을 넣어 재가공한다.
⑤ 만들어진 막걸리에 열처리를 하면 살균막걸리, 열처리가 없으면 생막걸리로 구분한다.

막걸리와 잘 어울리는 음식 Recipe

01 쪽파전

주재료 및 부재료

재료 쪽파 150g, 돼지고기 다진 것 40g, 청/홍고추 1개씩, 부침가루 30g, 물 30g, 소금/후추
3g

조리방법

1. 청/홍고추는 잘게 썰고 고기는 소금과 후추를 뿌려 밑간을 한다.
2. 부침가루, 물, 썰은 고추를 넣고 잘 섞어 반죽물을 만든다.
3. 달궈진 팬에 반죽을 두르고 그 위에 쪽파를 나란히 펼친 후 반죽물을 그 위에 살살 끼얹는다.
4. 중불에 양면이 노릇노릇하게 지져준다.

02 돼지껍데기 양념볶음

주재료 및 부재료

재료 돼지껍데기 100g, 양파 1/4쪽, 통마늘 3개, 소주 30g
양념 맛술 8g, 생강즙 8g, 굴소스 8g, 간장 5g, 올리고당 15g, 다진마늘 8g, 고추장 8g, 고춧
    가루 15g

조리방법

1. 냄비에 물을 담고 돼지 껍데기를 넣어 삶는다.
2. 물이 끓기 시작하면 센불에서 7분 정도 더 끓여 삶아준다.
3. 맛술, 생강즙, 굴소스, 간장, 올리고당, 다진마늘, 고추장, 고춧가루를 섞어 양념장을 만든다.
4. 돼지껍데기에 있는 기름이나 털이 있으면 긁어서 제거한 후 한입에 먹기 좋은 크기로 썬다.
5. 양념장과 함께 버무리고 20분 정도 냉장 온도에서 숙성시킨다.
6. 중불에서 기름을 조금 넣고 볶는다.

03 두부김치

주재료 및 부재료

재료 두부 1/2모, 묵은지 200g, 삼겹살 200g, 양파 1/4개, 당근 1/4개, 파 1개, 홍/청고추 2
개, 참기름 5g, 설탕 5g, 고춧가루 10g, 간 마늘 5g, 진간장 15g, 깨소금 약간

조리방법

1. 삼겹살, 김치, 양파, 당근, 파, 홍고추, 고추를 두부의 크기에 맞게 적당하게 자른다.
2. 두부를 끓는 물에 넣고 참기름을 넣어 데쳐준다.
3. 팬에 삼겹살을 넣고 익힌 후 설탕을 뿌린다.
4. 물, 고춧가루, 간 마늘, 진간장을 넣고 끓여준다.
5. 고기에 양념이 배면 김치를 잘라넣고 볶다가 양파와 당근을 약불에서 볶는다.
6. 파, 고추, 홍고추를 넣고 참기름을 넣어 섞는다.
7. 데친 두부를 꺼내 자르고 그 위에 깨소금을 뿌린다.
8. 볶은 김치를 함께 곁들여 먹는다.

04 도토리묵무침

주재료 및 부재료

재료 도토리묵 1/2모, 깻잎 3장, 양파 1/4개, 오이 1/4개
양념장 간장 50g, 고춧가루 20g, 설탕 20g, 통깨 약간, 참기름 20g, 매실액 5g

조리방법

1. 깻잎과 양파, 오이는 먹기 좋은 크기로 썰어 준비한다.
2. 간장, 고춧가루, 설탕, 다진 마늘, 통깨, 참기름, 매실액을 혼합하여 양념장을 만든다.
3. 도토리묵은 끓는 물에 살짝 데쳐 물기를 제거한다.
4. 넓은 볼에 도토리묵과 야채, 양념장을 넣는다.
5. 살살 무쳐 도토리묵에 양념이 맛있게 배어들 수 있도록 한다.

골뱅이소면

주재료 및 부재료

재료 골뱅이 1캔, 양파 1/4개, 당근 1/2개, 오이 1/2개, 깻잎 5장, 대파 1/4개, 청양고추 1개,
　　소면 100g, 참기름 5g, 간장 5g, 통깨 5g
양념 고추장 5g, 설탕 5g, 식초 5g, 다진마늘 5g, 고춧가루 5g

조리방법

1. 양파, 깻잎, 오이, 당근은 먹기 좋게 잘라 준비하고 대파와 청양고추는 어슷썬다.
2. 골뱅이는 체에 걸러 물기를 제거한 후 먹기 좋은 크기로 자른다.
3. 고추장과 설탕, 식초를 잘 섞어서 초고추장을 만든다.
4. 큰 볼에 채소와 골뱅이, 마늘 1스푼, 고춧가루를 넣어 잘 버무린다.
5. 끓는 물에 소면을 넣어 삶는다.
6. 소면에 참기름, 간장, 깨를 넣고 버무린다.
7. 4와 함께 잘 혼합하여 먹는다.

Chapter 9

젓갈

1. 젓갈이란?

젓갈은 날것인 어패류를 다량의 소금에 절여 상온에서 일정 기간 동안 발효시켜 만든 한국의 대표적인 수산발효식품으로, 넓은 의미에서 식해와 액젓(어간장)을 포함한다. 생선의 살, 알, 창자, 아가미나 조개, 새우 등의 해산물을 제철에 구하여, 항아리에 넣은 다음 재료들이 완전히 덮일 때까지 소금을 들이부은 후 숙성시킨다.

젓갈의 숙성은 원료가 되는 근육이나 생식소 등에 들어있는 자가소화효소와 내장에 들어 있는 효소의 작용에 의해 진행된다. 근육, 내장의 주성분인 단백질 분해 효소가 가장 관계가 깊은데, 단일 효소가 아니라 여러 종류이므로 각 효소의 특성에 따라 단백질에서 아미노산까지 분해되는 동시에 특유한 점조성을 띠고 촉감이 좋게 되어 독특한 풍미를 나타낸다.

우리나라의 경우 삼면이 바다로 이루어져 있어 해산물이 풍부한데, 해산물을 깊숙한 내륙 지방까지 유통하거나 오래 보존하기 위해 염장이 필수였으며 이 때문에 젓갈 문화가 타 국가에 비해 잘 발달되어 있다. 국내의 3대 젓갈 시장은 충청남도 논산시의 강경읍, 홍성군의 광천읍, 전라북도 부안군의 곰소이다.

주로 젓갈 그 자체가 반찬으로 이용되지만 새우젓 등은 고기를 찍어먹거나 김치를 담그는 데 쓰이기도 하고, 국이나 반찬의 간을 내는 데 사용되기도 한다. 염분의 함량이 무척 높기 때문에 이와 관련하여 조절해서 먹는 습관이 중요하다.

2. 젓갈의 역사

젓갈의 역사는 무척이나 깊은데, 한나라 무제(武帝)가 동이족을 쫓아서 산동 반도에 이르렀을 때 좋은 냄새가 나서 찾아보게 하니 물고기 창자와 소금을 넣고 흙으로 덮어둔 항아리에서 나는 냄새였고, 이것이 바로 젓갈이었다고 한다. 이(夷)를 쫓다가 얻어 '축이(逐夷)'라 불렸다고 한다.

5세기의 《제민요술》에는 "장에는 누룩과 메주, 술, 소금으로 담그는 작장법과 수조어육류, 채소, 소금으로 담그는 어육장법이 있다"고 씌어 있다. 또 《삼국사기》 신라본기에서는 신문왕의 납폐품목에 '장'과 함께 '해'가 적혀 있는데 해는 젓갈을 말한다. 고려와 조선 시대를 거치면서는 어패류를 소금에만 절이는 지염해, 젓갈과 절인 생선에 익힌 곡물과 채소 등을 합하여 숙성시키는 식해로 크게 나뉘었다.

조선시대는 특히 젓갈이 가장 많이 발전했던 시기로, 각종 문헌에 나타난 종류가 150종에 달하며 명나라 조공 무역품으로 사용되었던 밴댕이젓, 석수어(조기)젓, 생합(대합)젓, 잉어젓, 석화(어리굴)젓, 홍합젓, 토하젓, 가자미젓 등을 주요 수출품으로 사용했다. 그 종류와 제조 방법들은 《사시찬요초》, 《산림장법》, 《세종실록》, 《도문대작》, 《쇄미록》, 《옷연문장전산고》, 《규합총서》, 《증보 산림경제》 등 주요 문헌에 자세하게 기록되어 있다.

 ## 지역에 따른 젓갈

서울·경기도
청어젓, 새우젓, 조기젓, 갯가재젓, 명태젓, 오징어젓

강원도
조개젓, 서거리젓, 명태포식해, 햇떼기식해, 명란식해, 도루묵식해, 창난젓, 오징어젓, 부새우젓, 방게젓, 명란젓, 북어밥식해, 멸치식해

충청도
밴댕이젓, 곤쟁이젓, 꼴뚜기젓, 실치젓, 멸치젓, 새우젓, 조기젓, 홍합젓, 서산어리굴젓, 생굴젓, 까나리젓, 꽃게젓, 낙지젓, 민어아가미젓, 소라젓, 바지락젓

경상도
갈치속젓, 꼴뚜기젓, 대구아가미젓, 대합식해, 뱅어젓, 꽁치젓, 성게젓, 해삼창자젓, 전어내장젓, 조기젓, 가자미식해, 고등어새끼젓, 굴젓, 대구알젓, 멸치젓, 볼락어젓, 북어식해, 대구내장젓, 전복젓, 백하젓, 홍합젓

전라도
토하젓, 밴댕이젓, 고개미젓, 고노리젓, 꼴뚜기젓, 조기젓, 멸치젓, 황석어젓, 백하젓, 새우알젓, 돔베젓, 해삼창자젓, 벌떡게장, 갈치속젓, 갈치젓, 장대젓, 굴젓, 대합젓, 등피리젓, 명태젓, 민새우젓, 뱅어젓, 전복창자젓, 콩게젓, 농게젓

제주도
소라젓, 고등어젓, 성게젓, 게젓, 자리젓, 멸치젓, 전복내장적

함경도, 평안도
연어알젓, 가자미식해, 도루묵식해, 멸치젓, 문어식해, 창난젓, 대하알젓, 게알젓, 대구젓, 동태식해, 명란젓, 대구아가미젓

4. 담는 시기에 따른 젓갈 분류

봄
어리굴젓, 방게젓, 오징어젓, 꼴뚜기젓, 곤쟁이젓, 조기젓, 뱅어젓, 조개젓, 황석어젓, 대합젓, 멸치젓, 꽃게젓, 석화젓, 홍합젓, 준치젓, 소라젓, 정어리젓, 멍게젓

여름
갈치젓, 새우젓, 가자미젓, 오징어젓, 곤쟁이젓, 소라젓, 대합젓

가을
게젓, 방게젓, 대합젓, 어젓, 오징어젓, 실치젓, 명란젓, 새우젓, 어리굴젓, 창난젓, 토하젓, 전복젓, 낙지젓

겨울
굴젓, 바지락젓, 까나리젓, 뱅어젓, 병어젓, 창란젓, 어리굴젓, 명란젓, 멍게젓, 홍합젓, 조개젓

5. 젓갈 제조 Recipe

(1) 소금으로 담그는 젓갈

어패류의 살, 내장, 생식소 등은 20% 정도의 소금을 혼합해 숙성시켜 담그는 방법으로, 염해법이라고도 함.

① 생선을 소금에 씻어 물기를 제거한다.
② 생선에 소금을 켜켜이 뿌리거나 균일하게 혼합한 후 실온에 두고 숙성, 발효시킨다. 이 때, 온도는 15℃ 정도를 유지하고 젓갈의 염도는 20~30%로 유지한다.
③ 상온에서 3개월 정도 숙성시키면 생선의 형태가 온전하게 유지된 젓갈을 얻을 수 있다.
④ 숙성기간을 반 년에서 1년 정도로 연장하면 형태가 분해된 젓갈을 얻을 수 있으며, 이것을 갈아 여과한 후 저온 살균하면 액젓을 만들 수 있다.

(2) 양념으로 담그는 젓갈

어패류의 소금, 마늘, 고춧가루 등의 양념을 넣어 만드는 젓갈로 주로 명란, 창란, 오징어, 낙지 등으로 담근다.

① 원재료에 소금을 넣어 숙성시킨다.
② 고춧가루, 마늘, 생강 등의 양념을 넣어 양념으로 젓갈을 만든다.

(3) 간장으로 담그는 젓갈

간장으로 담그는 젓갈은 꽃게장, 참게장 등이 있다.

① 다리가 모두 붙어 있는 게를 골라 솔을 이용해 흐르는 물에 깨끗이 씻어 준다.
② 게딱지를 열어 아가미, 모래주머니와 같은 지저분한 것을 제거한 후 깨끗이 씻어 준다.
③ 간장에 파, 마늘, 생강, 양파, 마른 고추, 표고버섯 등을 넣고 중불에서 푹 끓인다.
④ 건더기를 체에 거른 후 손질한 게를 용기에 넣고 간장을 그 위에 부어 준 후 서늘한 곳에 숙성시킨다.
⑤ 3일 정도 지난 후 간장만 따라내고 끓여 식혀 다시 용기에 부어 4일 지난 후에 꺼낸다.

01 연안식해 담그기

재료 조갯살 300g, 쌀 200g, 엿기름 가루 200g, 대추 50g, 잣 5g, 소금 5g, 참기름 5g

조리방법

1. 조갯살을 소금물에 씻은 후 내장을 빼어 행주로 싸서 물기를 제거한다.
2. 쌀은 불려서 찜통에 찌고 엿기름 가루는 체에 거른 후 흰 가루만 모은다.
3. 대추는 씨를 빼서 토막을 내고 잣은 고깔을 뗀다.
4. 쌀밥에 엿기름 가루를 뿌리고 대추, 잣, 조갯살과 소금, 참기름을 넣고 항아리에 눌러 담는다.
5. 뚜껑을 덮고 따뜻한 곳에 4일 정도 두어 숙성시킨다.

02 가자미식해 담그기

주재료 및 부재료

재료 참가자미 300g, 무 100g, 엿기름가루 200g, 파 5g, 마늘 5g, 생강 5g, 소금 5g

조리방법

1. 노란 참가자미를 골라 내장과 비늘을 제거한다.
2. 소금을 고루 뿌려 절인 후 채반에 널어 꾸득꾸득하게 말린다.
3. 머리와 꼬리를 3cm 정도로 토막내고 메좁쌀로 밥을 짓는다.
4. 엿기름 가루와 물을 1:3 비율로 섞은 후 주물러서 가라앉히고 고운 체로 거른 후 냄비에 부어 끓여 식힌다.
5. 무는 5cm 길이로 굵게 채 썰고 소금에 절인 후 물기를 짠다.
6. 큰 그릇에 조밥을 담아 고춧가루로 버무린 후 가자미, 절인 무, 파, 마늘, 생강, 소금, 엿기름물을 넣고 버무린다.
7. 항아리에 6.을 담은 후 접시로 눌러 익힌다.
8. 덥지 않은 곳에 두었을 경우 1주일 후면 알맞게 익는다.

03 명란젓

주재료 및 부재료

재료 명란 300g, 소금 90g, 소주 한병, 마늘 5쪽, 홍고추 3개, 청고추 3개, 생강가루 10g, 통 깨 10g, 멸치액젓 30g

조리방법

1. 생 명란을 깨끗이 씻은 후 소금과 소주를 이용해 살살 씻어 물기를 제거한다.
2. 소금을 이용해 명란을 3일 동안 절여 준다.
3. 홍고추와 청고추, 마늘은 얇게 썰어 준다.
4. 그릇에 멸치액젓, 홍고추, 청고추, 마늘, 소금, 매실액, 술, 생강가루, 통깨를 넣고 양념장을 만든 다.
5. 숙성된 명란을 하나씩 양념에 버무려 용기에 담고 그 위에 남은 양념을 덮어 숙성시킨다.

04 오징어젓

재료 오징어 4마리, 소금 90g, 양파 2개, 청고추 4개, 마늘 5쪽, 대파 30g, 고춧가루 8큰술

조리방법

1. 오징어는 내장을 제거하고 깨끗이 씻은 후 물기를 제거해 결대로 가늘게 썰어 준다.
2. 오징어에 소금을 넣어 밑간을 한다.
3. 양파, 청양고추, 마늘, 대파는 다진다.
4. 그릇에 고춧가루, 설탕, 다진 마늘, 다진 파, 깨소금, 물엿, 소금, 다진 생강을 넣고 양파와 함께 버무려 양념을 만든다.
5. 소금으로 밑간한 오징어는 체에 받쳐 물기를 제거한다.
6. 양념과 오징어를 고루 섞은 후 청양고추를 넣어 준다.

주재료 및 부재료

재료 명태 300g, 소금 90g, 고춧가루 8큰술, 마늘 10쪽, 생강 20g, 깨 적당량

조리방법

1. 명태의 창자, 위, 알주머니를 깨끗이 씻어 물기를 제거한다.
2. 항아리에 1.을 소금과 번갈아 가며 켜켜이 담은 후 밀봉한다.
3. 여름에는 20일, 가을에는 50일, 겨울에는 100일 정도 숙성시킨다.
4. 고춧가루, 마늘, 생강, 깨를 섞어 양념을 만든다.
5. 모든 재료를 한 데 섞어 버무려 준다.

06 어리굴젓

주재료 및 부재료

재료 굴 300g, 소금 90g, 쪽파 30g, 무30g, 마늘 10쪽, 고춧가루 10큰술, 식초 1큰술

조리방법

1. 굴을 소금물에 씻어 준 후 소쿠리에 건져 물기를 뺀다.
2. 쪽파와 무는 얇게 썰고 깨소금과 소금을 섞어 준다.
3. 마늘을 얇게 썰어 준 후 고춧가루와 식초 1스푼을 넣고 비벼 준다.
4. 모든 재료를 한 데 섞어 어리굴젓을 만든다.

07 조개젓

주재료 및 부재료

재료 바지락살 300g, 굵은소금 90g, 다진 마늘 20g, 다진 파 20g, 고춧가루 10큰술, 매실액
2큰술, 청주 2큰술, 식초 1큰술, 통깨 적당량

조리방법

1. 바지락살을 굵은 소금에 넣고 고루 섞어 준 후 냉장고에서 2주 동안 숙성시킨다.
2. 다진 마늘, 다진 파, 고춧가루, 청주, 매실액, 식초, 통깨를 고루 섞어 양념을 만든다.
3. 모든 재료를 한 데 섞어 조개젓을 만든 후 1주일 정도 숙성시킨다.

08 멸치젓

주재료 및 부재료

재료 멸치 300g, 천일염 300g

조리방법

1. 멸치를 소금물에 흔들어 씻은 후 채반에 올려 물기를 뺀다.
2. 항아리에 천일염과 멸치를 켜켜이 깔고 웃소금을 덮어 밀봉하고 접시나 돌로 눌러 준다.
3. 끓여 식힌 소금물을 항아리에 붓고 뚜껑을 덮어 시원한 곳에 숙성시킨다.
4. 3개월 동안 숙성시킨 멸치젓은 끓여서 맑은 액젓으로 쓴다.

09 황석어젓

주재료 및 부재료

재료 황석어 300g, 소금 120g, 소주 1병

조리방법

1. 황석어와 소금을 4:1 비율로 고루 버무린다.
2. 소금에 버무린 황석어를 항아리에 차곡차곡 담은 후 그 위를 소금으로 덮어 준다.
3. 황석어는 기름이 많기 때문에 물이나 소주를 70% 정도 부어 준다.
4. 서늘한 곳에 숙성시켜 이용한다.

10 토하젓

주재료 및 부재료

재료 새우 300g, 소금 60g

조리방법

1. 새우에 소금을 5:1 비율로 섞어 준다.
2. 소금에 버무린 새우를 항아리에 차곡차곡 담은 후 그 위를 소금으로 덮어 준다.
3. 서늘한 곳에 숙성시켜 이용한다.

11 꼴뚜기젓

주재료 및 부재료

재료 꼴뚜기 300g, 소금 200g, 다진파 20g, 다진마늘, 20g, 다진생강 10g

조리방법

1. 항아리에 꼴뚜기와 소금을 켜켜이 담아 3개월 동안 삭힌다.
2. 삭힌 꼴뚜기를 건져 다진 파, 다진 마늘, 다진 생강을 넣고 고루 섞어 항아리에 담아 둔다.
3. 먹을 때는 씻어서 고춧가루, 깨소금, 참기름 등에 무쳐 먹는다.

12 조기젓

주재료 및 부재료

재료 조기 300g, 굵은소금 90g

조리방법

1. 조기를 소금물에 깨끗이 씻은 후 아가미에 굵은 소금을 가득 채워 준다.
2. 항아리에 조기와 소금을 켜켜이 반복해서 넣고 그 위에 소독한 대나무 조각을 얹는다.
3. 1년 정도 숙성시켜서 이용한다.

13 새우젓

주재료 및 부재료

재료 새우 300g, 소금 60g, 소주 1병

조리방법

1. 새우는 소금물에 재빨리 씻은 후 소쿠리에 받쳐 물기를 제거한다.
2. 새우와 소금을 5:1 비율로 고루 섞은 후 3일 정도 실온에 삭힌다.
3. 용기에 2.를 담은 후 새우가 담길 만큼 소주를 넣고 그 위에 두껍게 소금을 깐 후 입구를 밀봉하여 2년 정도 숙성시켜 사용한다.

14 명란계란말이

주재료 및 부재료

재료 명란 50g, 달걀 8개, 청주 15g, 다시마 우린 물 200g, 소금 2g, 후추 2g

조리방법

1. 달걀에 소금과 후추를 넣고 잘 풀어 준다.
2. 1.에 다시마 우린 물과 청주를 넣고 풀어 준다.
3. 2.를 체에 내려 알끈을 제거한다.
4. 명란은 막을 벗겨 준다.
5. 팬에 기름을 두른 후 달걀물을 붓는다.
6. 달걀이 익기 시작하면 명란을 넣고 돌돌 말아준다.

15 늙은호박젓국찌개

주재료 및 부재료

재료 늙은 호박 50g, 홍고추 1개, 청양고추 1개, 대파 1대, 다시마 3쪽, 물 0.8L
양념 새우젓국 30g, 다진 마늘 15g

조리방법

1. 호박은 깨끗이 손질한 후 먹기 좋은 크기로 잘라 준다.
2. 홍고추, 청양고추, 대파는 어슷 썬다.
3. 냄비에 다시마와 무를 넣고 강불에서 10분 정도 끓인 후 다시마를 건져낸다.
4. 냄비에 손질한 호박을 넣고 홍고추, 청양고추, 대파를 넣은 후 다진 마늘, 새우젓국을 넣어 한 번 더 끓여 준다.

16 조개젓비빔밥

주재료 및 부재료

재료 밥 200g, 조개젓 50g, 깻잎 3장, 청주 5g, 참기름 15g, 깨소금 2g, 김가루 2g

조리방법

1. 조개젓을 굵직하게 다진 후 청주, 참기름, 깨소금을 넣고 고루 섞는다.
2. 깻잎은 깨끗이 씻어 물기를 제거하고 채 썬다.
3. 준비한 밥 위에 김가루를 올린 후 조개젓과 깻잎을 올려 마무리한다.

17 명란파스타

주재료 및 부재료

재료 스파게티 90g, 물 2L, 굵은 소금 30g, 새송이 20g, 대파 100g, 명란젓 30g
크림소스 생크림 100mL, 우유 30mL, 진간장 5g

조리방법

1. 새송이는 2등분해서 도톰하게 썰어 준다.
2. 명란젓은 막을 제거한 후 칼로 살살 긁어 알을 모아 준다.
3. 냄비에 물과 굵은 소금을 넣고 끓으면 스파게티를 넣어 삶아 준다.
4. 팬에 오일을 두른 후 버섯과 다진 마늘을 넣고 볶아 준다.
5. 4.에 생크림, 우유, 진간장, 파를 넣고 자글자글 끓이다가 파가 숨이 죽으면 삶아 준 스파게티 면을
   넣고 졸여 준다.
6. 접시에 5.를 담고 그 위에 명란을 얹어 준다.

18 연두부날치알카나페

주재료 및 부재료

재료 연두부 1모, 홍날치알 50g, 적날치알 50g, 무순 5g
초간장 간장 15g, 식초 15g

조리방법

1. 연두부는 네모지게 잘라 물기를 제거한다.
2. 그릇에 연두부를 넣고 그 위에 날치알을 올려 준다.
3. 무순으로 장식하고 초간장을 곁들여 먹는다.

그밖의 발효식품

황매실 식초

주재료 및 부재료

재료 황매실 2kg, 물 0.4L, 설탕 480g

조리방법

1. 황매실은 꼭지를 제거한 후 깨끗이 씻어 소독된 용기에 설탕, 물과 함께 넣는다.
2. 재료를 몇 시간 가량 잘 저어 준 후 한지를 덮고 뚜껑을 덮는다.
3. 다음 날 재료를 1~2회 저어주고 다시 밀봉한다.
4. 40일 정도가 지나면 술을 걸러내고 술의 양의 10%에 해당하는 종초를 넣어 한지나 천으로 입구를 덮은 뒤 초산 발효를 한다.
5. 5개월이 지나면 주황빛~갈색 빛이 도는 식초가 완성된다.

체리 식초

주재료 및 부재료

재료 체리 1kg, 물 0.4L, 설탕 200g, 누룩 100g

조리방법

1. 체리는 깨끗이 손질한 후 물기를 제거하고 씨와 꼭지를 제거한다.
2. 1.을 손으로 주물러 단단한 과육을 분쇄한 후 소독된 용기에 물, 설탕, 누룩과 함께 넣어 준다.
3. 입구를 비닐로 밀봉한 후 바늘로 구멍을 내어 가스를 뺀다.
4. 1달 후 술을 걸러내어 소독된 용기에 넣고 술의 양의 30%에 해당하는 종초를 넣은 후 한지나 천으로 덮어 초산 발효를 시킨다.

03 상추꽃대 식초

주재료 및 부재료

재료 상추꽃대 2kg, 물 0.4L, 설탕 410g, 누룩 175g, 생막걸리 1병

조리방법

1. 용기에 상추꽃대, 물, 생막걸리, 활성화시킨 누룩을 넣어 준다.
2. 입구를 천으로 덮고 고무줄로 묶어 둔다.
3. 알코올 발효를 30일간 한 후 술을 거르고 술의 10%가 되는 종초를 넣어 1년 정도 초산 발효를 시킨다.

04 하귤 식초

주재료 및 부재료

재료 하귤 2kg, 물 0.1L, 설탕 420g, 이스트 1g, 누룩 60g

조리방법

1. 하귤은 껍질을 제거해 준비한다.
2. 소독된 용기에 하귤과 누룩, 이스트를 넣어 알코올 발효를 시작한다.
3. 발효되는 소리가 나면서 건더기가 부풀어 오르면 한 번씩 위 아래로 섞어 준다.
4. 한 달 정도 발효를 진행시켜 건더기가 가라앉으면 술을 걸러 초산 발효를 1년 가량 시킨다.

 주박 식초

 주재료 및 부재료

재료 지게미 3kg, 물 1.5L

 조리방법

1. 소독이 잘 된 용기에 지게미를 담고 물을 넣어 잘 저어준다.
2. 용기의 입구를 비닐로 밀봉하고 4개월 정도 알코올 발효시킨다.
3. 알코올 발효가 끝나면 종초를 술 양의 30% 정도 넣고 잘 저어 초산 발효시킨다.
4. 3개월 정도 발효시킨 후 이용한다.

 황칠 식초

 주재료 및 부재료

재료 황칠나무 잎/줄기 달임액 5L, 황칠 잎 가루 2kg, 현미 2.5kg, 누룩 0.5kg

 조리방법

1. 황칠나무 달임액과 황칠 잎 가루, 누룩을 소독된 용기에 넣는다.
2. 현미는 불려 물기를 뺀 다음 고두밥을 짓고, 여기에 황칠 물을 넣어 40분간 호화시킨다.
3. 2.를 용기에 넣고 40일 동안 알코올 발효시킨다.
4. 윗부분의 맑은 술을 걸러 술 양의 30%에 해당하는 종초를 넣고 초산 발효하여 이용한다.

거봉/청포도 식초

 주재료 및 부재료

재료 거봉 혹은 청포도 12kg, 이스트 12g

 조리방법

1. 거봉 혹은 청포도를 으깨어 당도를 18Brix로 맞추고 그 위에 이스트를 골고루 뿌려 비닐로 밀봉한다.
2. 1개월 정도 알코올 발효를 시킨 후 술 양의 30%에 해당하는 종초를 넣고 초산 발효시킨다.
3. 3개월 정도 초산 발효시킨 후 1개월 가량 숙성시켜 이용한다.

백야초 식초

 주재료 및 부재료

재료 백야초 5kg, 지게미 2.5kg, 누룩 2kg

 조리방법

1. 백야초는 재료가 생길 때마다 재료의 1/4 정도 설탕을 넣어 절여둔다.
2. 1.을 살균한 용기에 담고 누룩과 지게미를 넣는다.
3. 위 아래를 잘 저어주고 1개월 동안 알코올 발효시킨다.
4. 맑은 웃술을 걸러 술 양의 30%에 해당하는 종초를 넣고 3개월 동안 초산 발효하여 이용한다.

09 백년초청

주재료 및 부재료

재료 백년초 1kg, 설탕 500g, 조청 200g, 소금 30g

조리방법

1. 백년초 물기를 제거한 후 재료를 한 데 넣고 잘 섞어준다.
2. 소독된 용기에 물기를 제거하고 잘 섞어준 재료를 차곡차곡 넣어 눌러준 후 설탕을 뿌리고 입구를 밀봉한다.
3. 2~3일에 한 번씩 저어가며 60~90일 정도 발효시킨다.

10 쑥갓청

주재료 및 부재료

재료 쑥갓 1kg, 설탕 500g, 조청 200g, 소금 30g

조리방법

1. 쑥갓은 깨끗이 손질한 후 물기를 제거하고 재료를 한 데 모아 고루 섞어준다.
2. 소독된 용기에 물기를 제거하고 1)을 차곡차곡 넣어 눌러준 후 설탕을 뿌리고 입구를 밀봉한다.
3. 2~3일에 한 번씩 저어가며 30일 정도 발효시킨다.

11 광대나물 효소

1. 광대나물을 깨끗이 씻어 물기를 뺀 후 6cm 크기로 자른다.
2. 원당과 광대나물의 비율을 4:6으로 해 골고루 버무린다.
3. 한 시간 동안 방치한 후 항아리에 넣고 입구를 밀봉하고 한 달 전후로 걸러 이용한다.

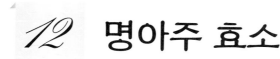

12 명아주 효소

조리방법

1. 명아주의 줄기 윗부분과 잎사귀를 채취해 깨끗이 씻은 후 물기를 빼고 6cm 크기로 자른다.
2. 원당과 명아주를 혼합한 후 2시간 동안 방치한다.
3. 항아리에 2.를 넣고 입구를 밀봉한 후 5일 후부터 2일에 한 번씩 뒤집어 준다.
4. 30일 전후로 걸러 사용한다.

13 지칭개 효소

조리방법

1. 지칭개는 꽃대가 올라오기 전에 채취하여 깨끗이 씻은 후 뿌리 부분을 제거한다.
2. 물기를 제거한 지칭개는 6cm로 자른다.
3. 원당과 지칭개를 4:6 비율로 혼합하여 2시간 동안 재운다.
4. 항아리에 3.을 담고 입구를 밀봉하여 30일 전후로 걸러 사용한다.

14 갓 효소

조리방법

1. 갓을 깨끗이 씻어 적당한 크기로 자른다.
2. 원당과 갓을 4:6 비율로 섞은 후 1시간 동안 방치한다.
3. 2.를 항아리에 넣고 입구를 밀봉하여 5일 후부터 뒤집는다.

15 냉이 효소

조리방법

1. 냉이는 여러 번 씻어 물기를 뺀 후 원당과 혼합한다. 이 때, 원당이 잘 어우러지도록 고루 주무른다.
2. 항아리에 1.을 넣고 입구를 밀봉한다.
3. 3일 후부터 뒤집어 주며 25일 전후로 걸러 이용한다.

16 시금치 효소

조리방법

1. 시금치를 깨끗이 씻은 후 물기를 제거하고 5cm 크기로 자른다.
2. 원당과 시금치를 혼합한 후 4시간 동안 방치한다.
3. 항아리에 2.를 담고 입구를 밀봉한다.

17 개망초 효소

조리방법

1. 개망초는 꽃이 피기 전에 채취하여 여러 번 흐르는 물에 세척한 후 물기를 뺀다.
2. 5cm 크기로 자른 후 원당과 혼합하여 2~3시간 동안 방치한다.
3. 항아리에 2.를 담은 후 입구를 비닐로 밀봉하고 5일 후부터 뒤집어 준다.
4. 20일 전후로 걸러 이용한다.

18 자리공 효소

조리방법

1. 자리공을 깨끗이 씻어 물기를 뺀 후 5cm 크기로 자른다.
2. 자리공과 원당은 6:4 비율로 혼합하여 항아리에 담는다.
3. 항아리의 입구를 밀봉한 후 30일 전후로 걸러 이용한다.

19 밀 효소

조리방법

1. 밀은 줄기만 채취하여 맑은 물로 여러 번 헹군다.
2. 밀은 잘게 자른 후 원당과 섞어 반나절 정도 재워 둔다.
3. 항아리에 2.를 담고 7일 후부터 뒤집기를 한다.

함초 효소

1. 함초를 채취한 후 물에 깨끗이 씻어 3시간 정도 물기를 뺀다.
2. 함초를 5cm 정도 크기로 자른 후 원당과 6:4 비율로 혼합하여 3시간 동안 재운다.
3. 항아리에 2.를 담고 입구를 밀봉한 후 5일 후부터 3일에 한 번씩 뒤집는다.
4. 40일 전후로 걸러 이용한다.

 딱총나무 효소

1. 딱총나무는 흐르는 물에 씻어 물기를 30분 정도 뺀다.
2. 딱총나무를 5cm 두께로 잘라 원당과 6:4 비율로 혼합하여 1시간 정도 그늘에 방치한다.
3. 2.를 항아리에 담고 밀봉하여 5일 후부터 3일 간격으로 뒤집는다.
4. 50일 전후로 걸러 이용한다.

 해홍나물 효소

1. 해홍나물은 여러 번 흐르는 물에 씻어 4~5시간 동안 그늘에 방치하여 물기를 뺀다.
2. 5cm 크기로 자르고 원당과 6:4 비율로 혼합하여 3시간 동안 재운다.
3. 항아리에 담고 7일 후부터 5일에 한 번씩 재료를 뒤집어 준다.
4. 50일 전후로 걸러 이용한다.

23 진황정 효소

1. 진황정은 실뿌리가 많아 흐르는 물에 솔로 여러 번 문질러 씻은 후 30분 간 물기를 뺀다.
2. 진황정을 잘게 자른 후 원당과 6:4 비율로 혼합하여 실온에 5시간 동안 재운다.
3. 항아리에 2.를 넣고 7일 후부터 5일에 한 번씩 뒤집는다.
4. 80일 전후로 걸러 이용한다.

24 까나리젓

조리방법

1. 항아리에 까나리와 굵은 소금을 번갈아 가며 켜켜이 쌓은 후 웃소금을 덮어 밀봉한다.
2. 서늘한 것에 반 년 정도 삭힌 후 사용한다.

25 꽁치젓

조리방법

1. 항아리에 꽁치와 소금을 번갈아 가며 켜켜이 담는다.
2. 맨 위에 소금을 두껍게 덮은 후 항아리를 밀봉하여 상온에 반 년 정도 숙성시켜 사용한다.

참고 문헌

- 최권엽, "살아있는 효소만들기", 정진출판사, 2015.
- 이제성, "천연식초 만들기 비법노트", 일월담, 2014.
- 이영순, "한국인의 건강밥상 발효요리 레시피", 예신, 2018.
- 김정숙, "사계절 깊은 맛 장아찌&피클", 아카데미북, 2019.
- 유중림 지음, 윤숙자 옮김, "증보 산림경제(增補 山林經濟)", (주)지구문화, 2007.

세계 소울 푸드가 한 자리에

발효식품의 세계

2019년 12월 1일 초판 인쇄
2019년 12월 5일 초판 발행

저   자 양향자·지영스님·김명선
         김은정·박선현·박성희·배명순

발행인 주병오·주민기

발행처 (주)지구문화
        JIGU CULTURE Co.Ltd

경기도 파주시 회동길 209
파주출판문화도시

마케팅부 (031) 955 – 7566 · 7577
편집부 (031) 955 – 7731
FAX (031) 955 – 7730

독자의견 전화 (031) 955 – 7577
홈페이지 www.ji-gu.co.kr
이메일 profjangchoon@hanmail.net
등록번호 1979년 7월 13일 제 9–57호

ISBN 978–89–7006–864–0 값 25,000원